人材発掘に向けた具体的手引き

―ヒューマン・アセスメント―

大浦 久司
岡部 泉

鳥影社

人材発掘に向けた具体的手引き

――ヒューマン・アセスメント――

目次

I．はじめに

Ⅰ．はじめに

企業における最も重要な資産は「人材」であると言われている。しかし、企業のあるべき人材の姿を明確に示し、効果的なプロセスで、採用・育成・処遇を行っている企業は必ずしも多くはない。ヒューマン・アセスメント・プログラムは、単に人材を評価する手段ではなく、そのプロセスを正しく理解し実践する事により、企業に必要な能力が明確になり、その能力の達成度を正確に評定する事により、適切な採用・育成・処遇が図れるようになる。ヒューマン・アセスメント・プログラムは、その意味で企業にとって非常に有効で、効果的で、公正な「人材育成」の手法であると考えられる。

ヒューマン・アセスメント・プログラムの歴史は、一九五〇年代アメリカで研究されたアセスメントセンター方式にある。これはＣＩＡの前身である米軍ＯＳＳ（戦略対策部）において、スパイ養成のための人材選抜を目的に開発されたプログラムのことである。この方式はその後広くアメリカの産業界を中心に普及した。日本では、一九七三年にマネジメント・サービス・センター（ＭＳＣ）によって「ヒューマン・アセスメント」という商品名でプログラムが提供されるようになったのが始まりといえる。

ヒューマン・アセスメント・プログラムの特徴は、ディメンションと呼ばれる評価要素（情報収集力、分析力、積極性など）が設定されていること、研修形式の中で、多様なシミュレーション演習やグループ討議などを通してアセッシー（被評価者）の言動が観察評定されること、観察評定は専門に訓練を受けた複数のアセッサー（評価者）によって行われること、が挙げられる。

しかし、ヒューマン・アセスメントを標榜し実践している企業、またヒューマン・アセスメント・プログラムを提供する企業は数多くあるが、適切な基準、手順、手法で実施している企業は少ない。また導入時や見直しなど一時的に適切であっても、活動を継続している過程で、企業を取り巻く環境変化は必然であり、企業が必要とする能力は変化する事が予想される。常に仕組み、手順、考え方を再検討することが求められる。

ＷＨＡＰ（Wisdom Human Assessment Program）は、適切なヒューマン・アセスメント・プログラムを実施する為の仕組み作りの道具として整理されている。このプログラムの説明書を手にとっておられるかたは、是非ヒューマン・アセスメントの重要性、効果性を理解し、自社の人材の育成に活用していただきたい。

Ⅱ．WHAPとは

（Wisdom Human Assessment Program）

１．基本的な考え方

ウィズン・コンサルティング株式会社は、長年ヒューマン・アセスメント・プログラムを数多くの企業で実践してきた。その中で、「アセスメントの標準的な仕組み」の必要性を強く感じている。アセッサー（評価者）が、個人の評価基準でアセッシー（被評価者）を評価してはならない。つまり、特定の個人が個人の基準でアセッシー（被評価者）を評価してはならないという事である。長くアセスメントを実施していると、特定のアセッサー（評価者）のリーダーが自分の経験を元にした基準でアセスメントしてしまう。ある局面では、優秀な、また別な意味では個性的なアセッサー（評価者）がリーダーシップをとることにより、想定外の結果を招く事もある。その歴史の中で「標準」の必要性を強く感じた事は報告しておく必要がある。

ヒューマン・アセスメントは、個人による評価ではなく、仕組みによる評価である。つまりアセッサー（評価者）が誰でも（標準以上の知識と良識は必要であるが）同一の評価ができる「仕組み」でなければならない。個人が評価すると仮定すると、絶対値として、アセッシー（被評価者）より格段高い能力・知識・見識を有していなければならない。しかし、アセッサー（評価者）が多様な人材の集まりである限り、そのような前提は成立しない。一般的な表現を用いても、「仕組みが評価」を行う

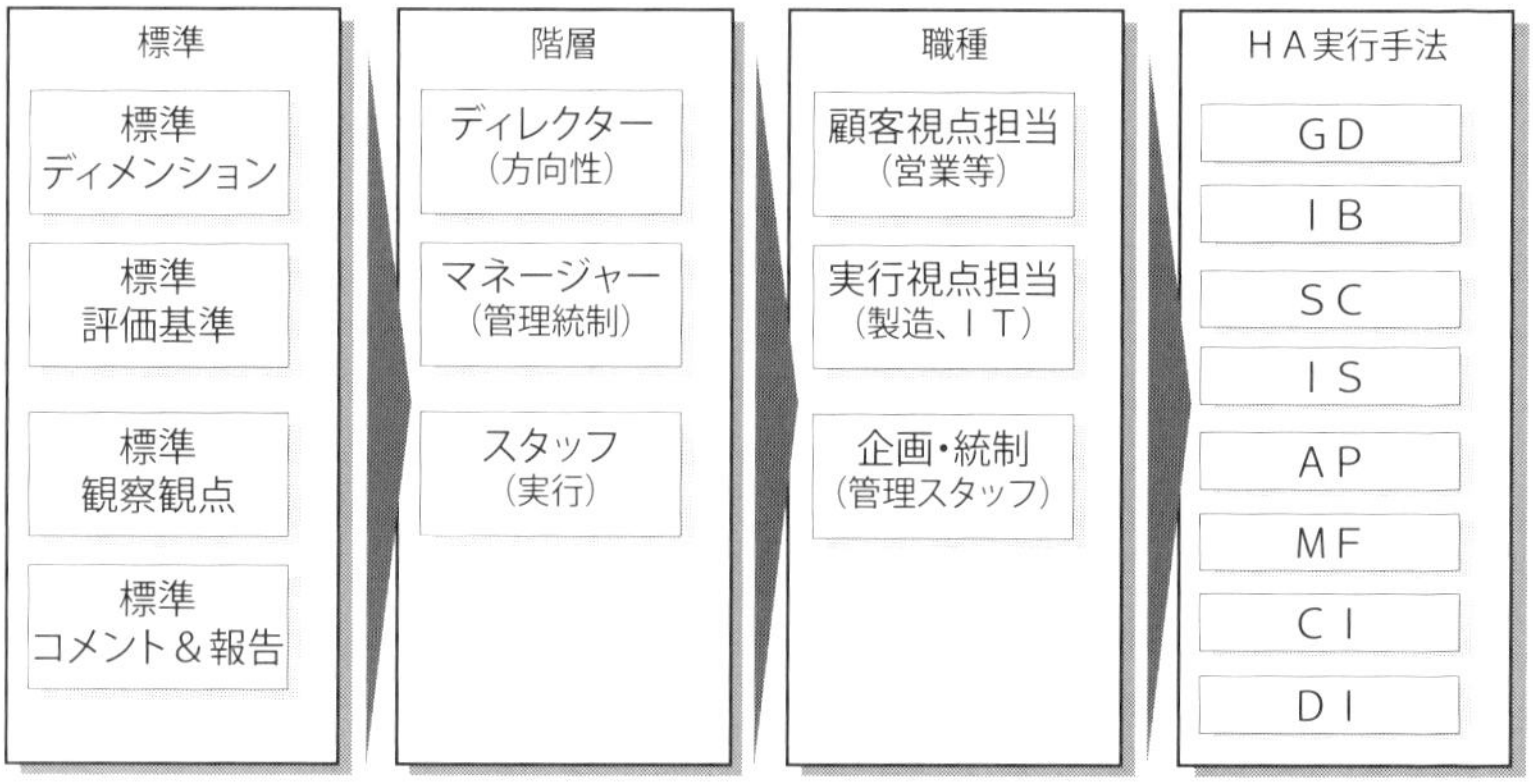

図１　ＷＨＡＰの基本的な考え方

システムにする必要がある。

ＷＨＡＰは、そのような観点から、ヒューマン・アセスメント・プログラムの仕組みを、アセッサー（評価者）の属人性から切り離し可能な仕組みの構築を強く意識して作成されている。つまり誰が評価しても同様な結果が得られる仕組みである。

❶ ＷＨＡＰの特徴

「仕組みが評価」するシステムの特徴を以下のような要点に整理している。

①人材評価のディメンション（職務遂行上の能力）は、標準が絶対的にあり、その応用として階層別、職種別が存在する。

②観察時のポイントはアセッサー（評価者）全員が同じような観点で見ることができる「観点チェック」が明確にされているべきである。

③評価は、抜け漏れがない項目設定で、評価の基準が相対ではなく絶対評価が可能な基準点を明示すべきある。

④評価のコメントは、誰が書いても抜け漏れがなく、表現が適切で、アセッシー（被評価者）にメッセージが適切に伝わる必要がある。

⑤結果のクライアントへの報告書は漏れなく適切な観点で記載され、クライアントが報告を受けて「次に何をしなければならないか」を明示する必要がある。

以上に示す特徴を有するヒューマン・アセスメントの仕組みであるＷＨＡＰは、長年のウィズン・コンサルティングのノウハウを活用したプログラムである。この特徴を実現する為に、ＷＨＡＰは、

「標準」という概念で、基盤を構築している。この標準には人材の育成の為の評価の考え方、進め方、結果の整理の仕方を示している。

これまで説明してきたように、ヒューマン・アセスメントには、企業の多様性を踏まえた上で、普遍的な部分がある。その普遍的な部分を明確に定義し、クライアント毎にアジャストする仕組みを採用している。このような仕組みをとることにより、評価軸の抜け漏れや、バラツキを少なくする事ができる。また、企業間の評価にも活用できると考えている。実際、企業間の比較を通じて、企業の人材の水準比較は、育成のレベルを大局的な観点から考察し、報告集に記載する事により、クライアントの期待に応えることができる。

❷ 本書の概要

①標準ディメンション

ＷＨＡＰで定義した、普遍性のある評価要素体系で定義されている。

②標準評価基準

ＷＨＡＰで定義した、普遍性のある評価要素体系に対する標準的な評価基準が定義されている。

③標準観点リスト
ＷＨＡＰで定義した、普遍性のある評価要素体系に対する標準的な観察観点が定義されている。
④標準評価チェックリスト
ＷＨＡＰで定義した、普遍性のある評価要素体系に対する標準的なチェックリストが定義されている。
⑤標準コメント
評価結果に対して、網羅性のある有効な標準的なコメントが定義されている。
⑥標準報告書
ヒューマン・アセスメントの結果と考察を網羅性高く報告するための標準的な報告書が定義されている。

❸ ＷＨＡＰの標準に必要な要件

ヒューマン・アセスメントの仕組みは、前述のように企業により、またその置かれている経営環境により異なってくる。つまり、企業により必要な能力は多様性を有しているという事である。

しかし、一方人材の能力を評価する、基本的な評価要素体系は、普遍的な面がある。つまり基本的な評価要素体系項目は変わらないという事である。よって、基本的な評価要素体系を評価軸として厳格に定義した標準的なものを作成し、企業の必要な評価要素体系要件を加味して翻訳する手順で評価軸を作るべきであると考えている。

〔要件1〕標準的な評価要素体系評価軸を厳格に定義しておく。

その評価要素体系を評価する場合の基準設定である。基準設定が曖昧であれば、評価者個人の恣意が大きく関与する。これではアセッサー（評価者）個人による人の評価になってしまう。誰が評価しても同じ結果になる、評価の軸、評価の方法を確立しておく必要がある。

〔要件2〕標準能力評価基準を定義しておく。

ヒューマン・アセスメントは、アセッシー（被評価者）の言動を観察する事により評価する仕組みになっている。アセッサー（評価者）の観察ポイントは明確に定義しておく必要がある。評価者の個人の属人性による差が出ないように、できるだけ絶対基準で観察ポイントは記述されていなければならない。

〔要件3〕標準観察ポイントを論理的に定義しておく。

観察ポイントを定義した上で、評点のバラツキを避けるため、観察ポイントと、評点の関係を明確に定義しておく必要がある。ここでもアセッサー（評価者）の主観の影響を限りなく小さくする仕組みが必要になる。

（要件４）標準評価ポイントを論理的に定義しておく。

ヒューマン・アセスメント・プログラムにおいては事前に設定された評価要素に対して評価が抜け漏れなく観察可能な各種演習がアセッシー（被評価者）に提出される。アセッサー（評価者）は、各演習におけるアセッシー（被評価者）の言動を観察する際に、アセッサー（評価者）個人の考えのもと評価することのないよう、また、重点として評価しなければならない評価ポイントを設定しておく仕組みが必要になる。

2．一般的な階層の考え方

ヒューマン・アセスメントを行う上で、アセッシー（被評価者）を、「会社における役割」で評価の軸や考え方を変える必要がある。それでは、企業における役割・階層とはどのようなものがあるのか。

表1　階層と担当役職名

階　層	担当役職
ディレクター層	本部長、部長、室長等
マネージャー層	課長等
リーダー層	係長、主任、リーダー等
中堅スタッフ層	五年以上
若手スタッフ層	五年目未満

まず、ディレクターと呼ばれる、組織の方向性を示す役割がある。

Direction（道順、方向、指示、指導）という意味からも分かるように、組織の戦略を決め、その目標（ゴール）を具体的に明示する役目である。企業により、役職呼称は様々であるが、方向性を示す役割を負った階層がなければならない。このように、上位役職が下位役職より管理統制の範囲が大きいことは当然であるが、管理統制範囲の大きさ以外に、下位役職とは違った役目がある事に注意しなければならない。この役割では後で示すマネジメント・プロセスの中でも上流にあたる、戦略的視点、戦略構築に関する能力が非常に重要になってくる。

次にマネージャーと呼ばれる、組織の資源を管理し最適化する役割がある。ディレクターが示した戦略、目標に対して、自組織の資源である、人材、設備、資金、ノウハウ、情報等を最適化し、合理的、効率的に目標を達成するよう、管理統制を行う役割である。その為には組織を効率的に活動させる能力や、計画・実施・チェック・対策であるＰＤＣＡを適切に回すことが重要になってくる。

次にスタッフと呼ばれる役割がある。上位職である、ディレクター、マネージャーが決定した目標、組織、役割の元で、分担された業務を正確に、効率的に実施する役目である。また、効率的な業務を推進する為の創意工夫は、あくまでディレクターやマネージャーが決定した業務の範囲内で行う事が基本である。

以上の三つの階層が基本的な形であり、この階層を、組織の規模に応じて、また管理の範囲（スパン・オブ・コントロール）の考え方を参考に適切に階層性を持たせて構築されたものが組織である。

管理の範囲とは、職種にもよるが、マネージャーが管理統制を適切にできる人数を示した理論である。諸説はあるが、一般的な事務系職種では、七名前後と言われている。これを超えると、組織を分けるか、管理者を増やすか、何らかの対応が必要であると言われている。

スタッフ職は、最下層の階層にあたるため、人数が多くなる事が往々にしてある。その場合、スタッフ階層の中に、上位スタッフ職を設け、チームのマネジメント補佐や、ＯＪＴ担当、コーチング担当を委嘱する場合がある。ＷＨＡＰでは、このスタッフ層での階層を、経験年数で見てリーダー層、中堅スタッフ層、若手スタッフ層と区別して考えることにしている。

3．職種の考え方

企業における役割は、階層性以外に「職種による違い」がある。職種、つまりどのような担当業務を行っているかについても、ヒューマン・アセスメントでは、重要な留意点であると考えている。つまり、営業担当と、事務担当ではその発揮すべき能力・資質は違ってくると考えている。例えば、積極性は営業職であっても、事務職であっても同様に必要な能力であるが、その重要度合や内容は違ってくる。営業の積極性は、お客様に向けた積極性が求められるし、事務職であれば、業務改善への取り組み姿勢に対する積極性であったりする。また正確性も、営業職と事務職では、その重要性や発揮すべき内容は異なってくるだろう。

一方、職種は細かく検討すればするほど、非常に多様なものがある。営業職であっても、直接お客様に何かを売っている営業職と、販売は代理店に任せて、その営業支援を行っている営業職では、業務内容は違ってくるだろう。また細かく言えばその必要な能力・資質は異なってくるだろう。そのような職種の違いを詳細に取り上げていると、ヒューマン・アセスメント・プログラムが複雑になりすぎ、また詳細化しすぎることによる、不整合、不適正（正確にあわない、少しの違いが目立つ等）等が発生する事が考えられる。

ＷＨＡＰでは、以下に示す「六種類の職種」に整理し設定している。

表２　職種定義と担当組織名称

職　種	担当組織
営業職	営業企画、販売予算企画等
販売・サービス職	接客、顧客センター、コンタクトセンター等
製造職	製造部等
マーケティング職	商品開発、販促・ＰＲ・広報等
ＩＴ職	ＩＴ部門
企画統制職	企画、財務、経理、人事・労務等

まず「営業職」は、営業部門等で直接お客様との間で交渉等を行っている職種として定義している。そのお客様が、最終のコンシューマであるのか、代理店、販社であるのかは問わず、明確にお客様と定義できる対象がある組織である。営業姿勢としては、攻めの営業姿勢を示す部隊とも言える。対顧客中心に攻めの営業を行うという意味で「販売企画」等の職務もこの分類に含めている。

次に「販売・サービス職」であるが、営業職と同様お客様に対面して業務を行う職種である。お客様センター、コンタクトセンター、インフォメーションセンター等いろいろな呼称があるが、お客様と何らかの手段で接している部隊である。手段としてはこれまでは、主に電話であったが最近はインターネットのウェブサイトやメール等の手段を用いた接点も多くなってきている。この場合、主目的はお客様との関係性強化であり、お客様満足度を管理指標とする場合が多い。最近の傾向として、お客様との接点は、八〇％程度はこの種の職種であると言われている。今後非常に重要度の増す職種であると考えられる。最近は、この種の組織でも「アップセル、クロスセル等」販売機会を増加させようとする動きがあるが、基本は、守りの営業であると言える。

次に「製造職」であるが、これは決められたルールの元に、決められた担当の業務を正確に繰り返す事が大事な職種である。この種の業務は、正確性、再現性を非常に重視した業務が多い。つまり安定した品質の製品を、安定供給する為には、業務・作業に個性があってはならない。ある意味限りなくシンプルな業務の組み立てを行わなければならない。一方、業務がシンプルである為、人間性に配慮した仕組みも非常に重要になる。

次に「マーケティング職」であるが、属人的な要素の強い職種である。この職種には商品を開発する役目や、ＰＲや広告といった販促戦略を考え実行する役目等がある。この職種では必ずしも個性は否定されない。ある種の個性、才能、ひらめきを必要としており、市場に対する強い興味をもつ、またデータの意味を統計的に解釈し、その対策を考える等の能力を有する人材が必要な職種と言える。

次に「IT職」であるが近年特に重要性が増した職種である。経済産業省でも、この職種の能力定義を行っている。従来のプログラムを開発する職務というより、戦略的にどのようなITを活用すべきか、またITで何を実現させるのか、また当然IT投資のROI（投資の効率性）を判断できる能力も必要である。近年は、経営企画と同じような役割を担わされている組織が多くなってきている。資質も戦略的思考であったり、緻密な論理性であったり高い能力を有する役目になってきていると考えるべきである。

最後に「企画統制職」であるが、対象が人材、資金や、フルフィルメントと呼ばれる事務業務であるが、これらに対して深い考察、適切な処理、継続的な改善等が必要な本来かなり創造的な職種である。しかし、この種の職種を単純な事務処理としてとらえている企業もあるが、WHAPでは、そのような立場は取らない。日本企業は一般的に生産性（特に製造部門、開発部門等）の高い会社が多いと言われているが、この分野の生産性は低いと考えている。WHAPでは、この職種にも、高い能力や資質を要求している。

Ⅲ・標準ディメンションの考え方

1．標準ディメンション設定の基本的考え方（網羅性の担保）

ＷＨＡＰでは評価のディメンション（職務遂行上の能力）を大きく「四つの分野」に分けている。

まず「マネンジメント・プロセス」は、企業人が一般的に遂行すべき「各プロセスにおけるマネジメント（遂行上の）能力」を示している。当然職種や階層により、その詳細な能力項目や、評価尺度、重要性は変わってくるが、図２（次頁）に示すマネジメント・プロセスは、普遍的で、網羅的であると考えている。

次に「ヒューマン・マネジメント能力」と呼ぶ、人間関係を構築し維持する能力を示している。企業間、組織間、部門間、同僚間、後輩間と人間関係を基本に成立している組織が原点であるため非常に重要な資質である。

次に「基礎力」と呼んでいる、ビジネスパーソンとしての基本的な能力がある。主にビジネスにおける外向きの能力を指している。

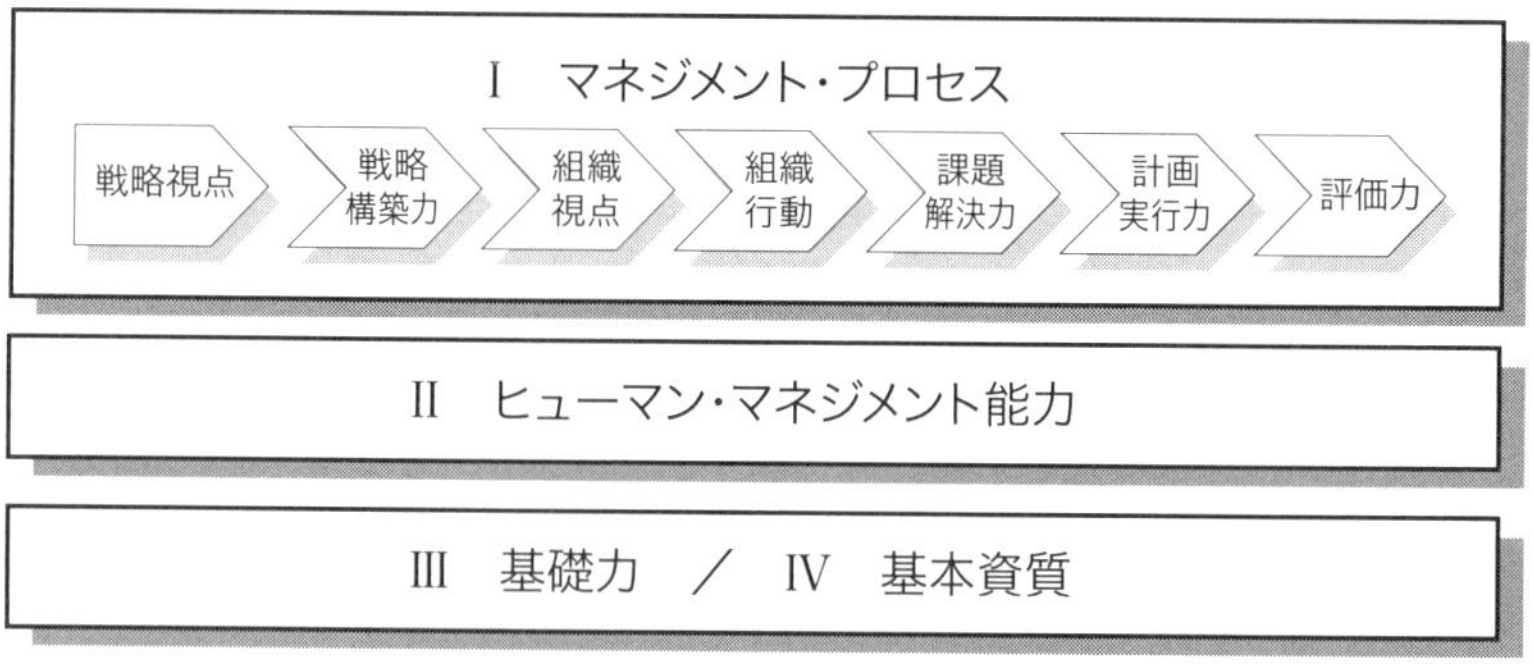

図２　標準ディメンションの４分野

最後に「基本資質」と呼ばれる、自身の行動を規定する能力を示している。

ＷＨＡＰでは、この「四つの分野」でディメンション（職務遂行上の能力）を定義している。

2. 標準ディメンション（職務遂行上の能力）の詳細

❶ マネジメント・プロセス

WHAPのマネジメント・プロセスは、七つのプロセスで表現している。

表3 標準ディメンション―Ⅰ マネジメント・プロセス

Ⅰ マネジメント・プロセス		
1	戦略視点	環境察知力／情報力／創造力
2	戦略構築力	コンセプト力／目標設定力
3	組織視点	組織設計力／機能配分力／意思決定配分力
4	組織行動	文化醸成力／適応行動
5	課題解決力	課題発掘力／課題解決力／リスク対応力
6	計画実行力	実行計画策定力／計画マネジメント力
7	評価力	分析評価力

Ⅰ-1 戦略視点

まず戦略視点が必要になる。戦略視点を持つには、市場の理解、競合の理解、自社・自組織の資源、コンピテンシーの理解が重要になる。職種、階層により、重要度や考察の水準は変わるが、企業・組織・個人の進むべき方向を考えるプロセスであるため、最も重要といえる視点である。

Ⅰ-2 戦略構築力

次に戦略視点を前提に、戦略を構築するプロセスである。職種階層により、その戦略は事業戦略の場合、部門戦略の場合、個人の活動戦略の場合等があるが、目標に対してどのように対処するかの戦略（行動計画）は必ず必要になる。このプロセスでは、広い視野と、創造力を有していないと効果的な戦略は構築できないだろう。また、戦略は、そのコンセプトが短く分かりやすくなっている必要がある。複雑な戦略や、理解が難しい戦略は実践する事が難しく、下位階層への伝達・指示も難しくなる。

Ⅰ-3 組織視点

組織は戦略に従うと言った名言があるが、戦略（行動計画）が決まれば布陣も決まる。また、戦略に合致した組織である必要がある。このプロセスでは、組織を戦略にあわせてどのような形態にするのか、職務の分掌はどのように行うのか、権限委譲は何処までするのか等の組織視点が重要になってくる。特に組織形態をどうするかといった、組織設計の基本思想である市場対応上の情報流線の有効性が組織視点の重要な着眼点となる。

Ⅰ－４　組織行動

組織化された部隊が最高のパフォーマンスを発揮できるように各自が行動しなければならない。その為の動機付けであったり、組織文化の醸成であったり、各自が目標に向かって邁進できる環境作りの能力が必要になる。またスタッフであっても、その組織文化に適応する行動を取らなければならない。

Ⅰ－５　課題解決力

日々の業務運営における課題解決である。戦略が決まり、ある方向に向けて行動していても内外の環境は一定ではない。常に変化している環境に対して最適な活動を進める必要がある。その為にはまず、課題を発見する能力が必要になる。課題発見の為にはまず計画が必要になる。課題とは、計画（あるべき姿）と現状（ありのまま姿）の差である。つまり計画がなければ課題発見は難しい。次にその課題を解決する能力が必要になる。課題が正確に把握できれば課題解決の案は容易に構築可能といえる。

一方、計画（あるべき姿）の設定とは別に、「ビジネスリスク」というものがある。昨今は、ＢＣＰ（事業継続の為のプログラム）の重要性が叫ばれているが、まずリスクを発見する必要がある。ビジネスには多様なリスクが存在する。内部的なリスク、例えば営業的なリスクや、コンプライアンス上のリスク、契約上のリスク等々、非常に多様で多岐にわたっている。また外部的なリスク、例えば、カントリー・リスクや、自然災害のリスク、戦争や紛争に巻き込まれるリスク、パンデミックのリスク等々、これも多様で多岐にわたっている。これらのリスクの中で、発生確率と影響度合から適切なリスクヘッジを行う能力が必要になってきている。

Ⅰ－6　計画実行力

最後のプロセスは、計画実行力である。計画通り実行することはどの階層、職種でも必須の能力である。ただし単純な実行力ではなく、計画を実行する能力である。非常に強力な実行力（行動力）があっても、それが合目的でなければ無駄な努力になってしまう可能性がある。営業業務で、非常な努力の結果、特定のお客様を攻略できたとしても、計画された価格・条件を満たしていない受注になれば、事業計画に対してマイナス効果を与える可能性がある。あくまで、計画に沿った実行力である。

Ⅰ－7　評価力

目的に応じた業務が確実に遂行されているか、またＰＤＣＡがもれなく遂行されているかを、ＫＰＩに基づき適切に評価する能力である。業務が適切に遂行されているかを、適宜正確に評価する能力は重要な能力である。

❷ ヒューマン・マネジメント能力

WHAPでは、ヒューマン・マネジメント能力（人間関係を構築維持する資質）を二つの特性で表している。

表４　標準ディメンション—Ⅱ　ヒューマン・マネジメント能力

Ⅱ	ヒューマン・マネジメント能力	
1	協働性	影響力
2	対人関係力	対人基本力
		人的ネットワーク構築力
		人材活性化力
		人材多様性受容

Ⅱ-１　協働性

組織で活動する上で、多様な人々と、ともに働く意識が重要になる。このような、ともに働く意識は、相手に伝わり、組織力の向上に資する事になる。また、単独では解決が難しい課題も、協働する事により新しい解決案を探ることができる。協働は、お互いに良い影響を与える行為である。

Ⅱ-2　対人関係力

組織は複数の人の構成で成り立っている。協働性の項でも述べたように、ともに働く人々にどのような影響を与える事ができるか、非常に重要なポイントである。まず、人的なネットワークの構築力が必要である。人的なネットワークとは、その人を知っていると言うだけでなく、何かの時には支援が得られる、支援をする関係者とのネットワークでなければならない。このようなネットワークを構築できる人材は、本人のパフォーマンス以上の成果を上げることができる。

次に、組織の活性化に影響を与える発言、行動ができる事が重要である。活性化した組織は、パフォーマンスも高い。

また、これからはグローバル化の時代であり、日本では少子化により労働人口が減少する時代である為、外国人、異性、多様な宗教等、多様な人材との協働が必要になる。このような多様な人材への柔軟な対応力が強く求められている。

❸ 基礎力

ＷＨＡＰでは基礎力を、五つの特性で表現している。

表5　標準ディメンション―Ⅲ　基礎力

Ⅲ	基礎力	1	表現力
		2	受容力
		3	傾聴力
		4	質問力
		5	感受性

Ⅲ－１　表現力

表現力は、コミュニケーションの第一歩に位置づけされる能力である。何かを他人（複数の場合もあり）に正確に伝える能力であり、組織運用の基盤であり、協働の必須要素である。まず、伝える内容を簡潔明瞭にまとめる能力が必要である。冗長な説明や、要旨のはっきりしない説明は、相手に届かない。次に、その内容を伝える媒体が言葉であれば、適切な会話能力が必要となり、また資料であれば、文書化の能力が必要になる。

また、伝える相手が興味を持って聞いてくれる、読んでくれる雰囲気（顔の表情も含め）を作る能力も必要となる。

Ⅲ－２　受容力

表現力の項でも述べたが、自分の考え方を伝える難しさがあるのと同様に、相手の伝えたいことを受け入れる事の重要性も理解しなければならない。いくら表現力を高度化させても、受容的態度にない人や、受容力の乏しい人には、なかなか大切な事は伝わらない。常に高い受容力を維持しなければならない。

Ⅲ-3　傾聴力

コミュニケーションで一番大事な能力は、傾聴力といえる。傾聴とは、相手と誠実に向き合うことである。相手と誠実に向き合うとは、相手の言葉を耳で聞くのではなく、相手のこころを受け止める事である。相手のこころは、聞き取れる言葉だけでなく、表情、動作にもあらわれる。その結果として相手の本音や、大切にしている考え方等が引き出せる。まず、相手を知るには、傾聴が最も有効であるともいえる。

Ⅲ-4　質問力

傾聴力とも関連するが、適切な質問を行う事が、コミュニケーションを活発にする事に繋がる。相手の「顕在化している意見・考え方」に加え、「潜在化している意見・考え方」を引き出す事ができると、得るものも非常に大きい。質問する場合も、相手の答えやすさを考慮し、オープンな質問（答えはどのようなものでも良い質問）や、クローズドな質問（まずはYes／Noで答えられる質問）を適切に使い分ける能力等も必要である。

Ⅲ-5　感受性

感受性とは、外部からの感覚的・感情的な働きかけを受け入れる人間の心の能力を指している。この感受性には「認知的感受性」と「情動的感受性」がある。WHAPでは、後者の相手の感覚（苦悩、迷い、うれしさ等）を受け入れる能力を指している。相手も人間であり、理解してくれる人は理解しようとする傾向がある。

4 基本資質

WHAPでは基本資質を、五つの特性で表現している。

表6　標準ディメンション―Ⅳ　基本資質

Ⅳ	基本資質
1	実行力
2	自立性
3	自律一貫性
4	執着心
5	ストレス耐性

Ⅳ-1　実行力

ビジネス社会は時間との戦いであるとも言える。ここで言う実行力とは、必ず実行する意欲・意思と、後に延ばさない（執行猶予を自分で行う）で実行する能力を指す。早く実行し、早く結果を出した方が方向修正も早くでき、成果も早く得ることができる。ＷＨＡＰでは、スピード感を伴った着実な実行力を重要な項目として挙げている。

Ⅳ-2　自立性

適切な支援や指導を受け入れる事は大事であるが、まずは自分が考え、行動する自立した状況を作る事が重要である。つまり他への従属から離れ一人で立ち行動する事である。

Ⅳ-3　自律一貫性

変化への対応、また方針が誤っていた時等は、素早い変化が必要であるが、通常時は、一貫した考え方、行動であるべきである。自律した、つまり誰かに従属せずに自分の考え方で考え行動する能力を指す。一貫性のある人は、他人から信頼されやすいという側面もある。組織は複数の人間が協働する事になるが、信頼しあう事は重要で、組織生産性に大きな影響を与える。

Ⅳ-4　執着心

本来は、特定の物事に執着する気持ち、強い拘《こだわ》り等を指す言葉であるが、ＷＨＡＰでは、粘り強さという意味で使用している。ビジネスにおいて多くの業務は、それほど簡単にまたはたやすく成果を得ることができないのが一般的である。比較的単調な作業を継続して実施しなければならないケースも多々ある。そのようなビジネスにおいて、粘り強く続けるという能力は非常に大切な能力である。

Ⅳ-5　ストレス耐性

いわゆるストレスに対する耐性である。業務の遂行においては、思うようにいかないケースが多々あり、ストレスは充満していると考えられる。それらのストレスに対してどの程度の耐性能力があるか、重要な評価、能力である。一般的にストレス耐性の強い人は、論理的に考えられる人、多面的に考えられる人、肯定的に考えられる人、リセットできる人などが挙げられる。いずれにしてもビジネスにおいては重要な能力である。

郵便はがき

料金受取人払

諏訪局承認

8

差出有効期間
平成30年8月
末日まで有効

3 9 2 - 8 7 9 0

〔受取人〕

長野県諏訪市四賀229-1

鳥影社編集室

愛読者係　行

ご住所　〒□□□-□□□□	
(フリガナ) お名前	
お電話番号 (　　　　)　　　-	
ご職業・勤務先・学校名	
eメールアドレス	
お買い上げになった書店名	

鳥影社愛読者カード

このカードは出版の参考にさせていただきますので、皆様のご意見・ご感想をお聞かせください。

書名	

① 本書を何でお知りになりましたか？

i．書店で
ii．広告で（　　　　　　　　　　）
iii．書評で（　　　　　　　　　　）
iv．人にすすめられて
v．DMで
vi．その他（　　　　　　　　　　）

② 本書・著者へご意見・感想などお聞かせ下さい。

③ 最近読んで、よかったと思う本を教えてください。

④ 現在、どんな作家に興味をおもちですか？

⑤ 現在、ご購読されている新聞・雑誌名

⑥ 今後、どのような本をお読みになりたいですか？

◇購入申込書◇

書名　　　　　　　　　　¥　　　　　　（　　）部

書名　　　　　　　　　　¥　　　　　　（　　）部

書名　　　　　　　　　　¥　　　　　　（　　）部

Ⅳ．標準演習の考え方

1．標準演習とは何か

決定されたディメンション（職務遂行上の能力）の評価は、実際のビジネスの場面を想定したシミュレーションである演習（エクササイズ）もしくは、専門家によるインタビューで表出された言動の観察により行われる。すなわち、演習とは、ディメンション（職務遂行上の能力）を評価するために必要な言動が見やすいように設計されたビジネス場面のシミュレーションもしくはインタビューである。それでは、標準演習とは何かというと、様々な演習は目的によって、複合的に組み合わさって作られるのであるが、その基本となる演習を標準演習と定義する。

❶ 標準演習の考え方

「Ⅲ．標準ディメンション（職務遂行上の能力）の考え方」のとおり、ＷＨＡＰのディメンション（職務遂行上の能力）は図３（四七頁）のとおり四分類で構成されている。

これらのディメンション（職務遂行上の能力）の評価は、その保有能力が表出された言動をアセッサー（評価者）が観察して行われる。

❷ 行動表出の空間軸での分類

表出される行動は三つの空間軸で分けることができる（図4）。

①個人内面（パーソナル）

一人で職務を遂行する空間と合わせて、対個人、対集団での行動発揮の内面にあるパーソナリティ（性格、意欲、バイタリティ、資質体質など）がある。

②対個人（インターパーソナル）

一対一での対人場面という空間

③対集団、集団間、対組織（グループ、インターグループ、オーガナイゼーション）

・対集団――一つの集団の中という空間

・集団間――集団対集団（集団間）を管理、調整する空間

・複数の集団で成り立つ組織を統率、管理する空間

Ⅳ. 標準演習の考え方

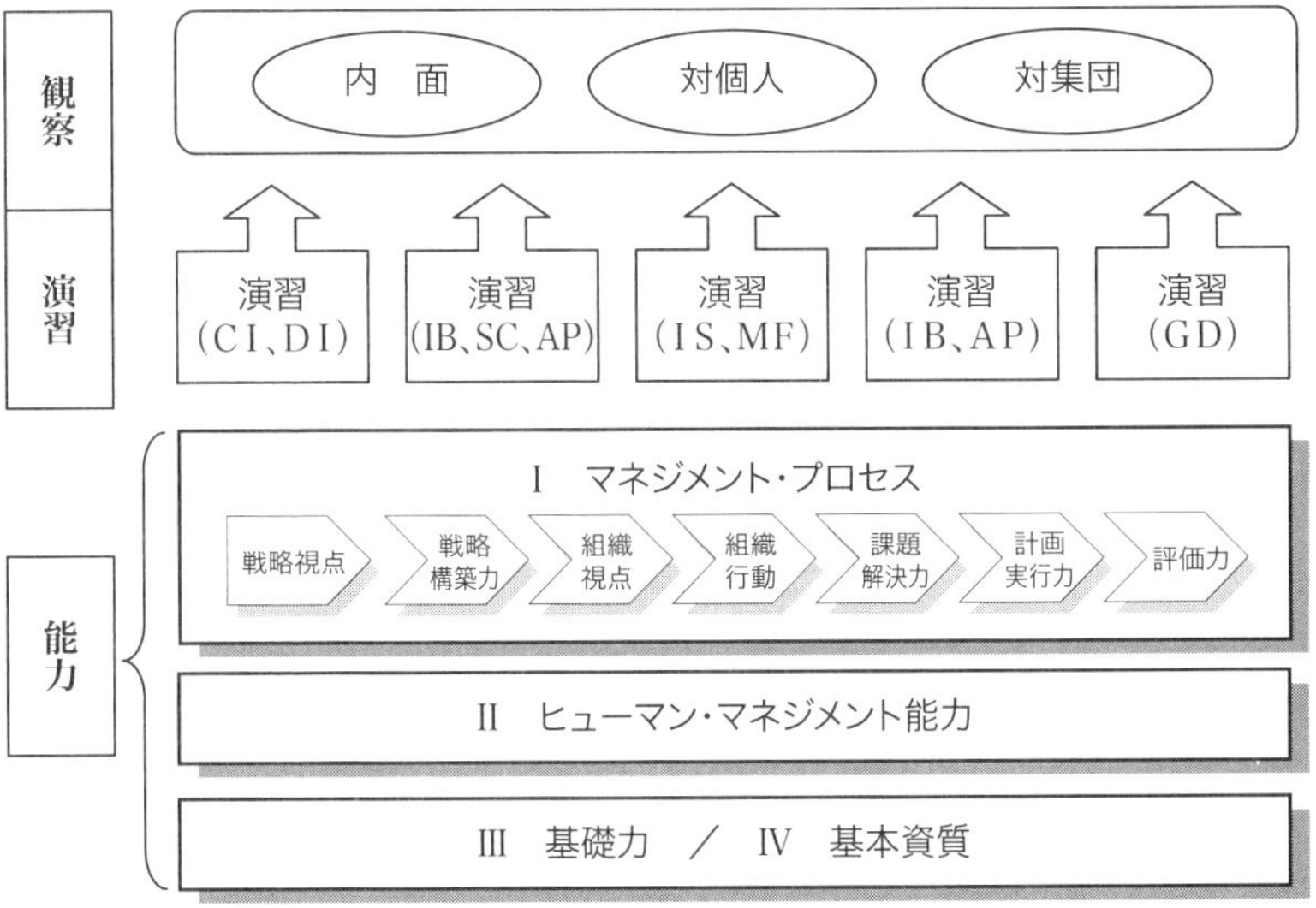

図３　標準演習の考え方

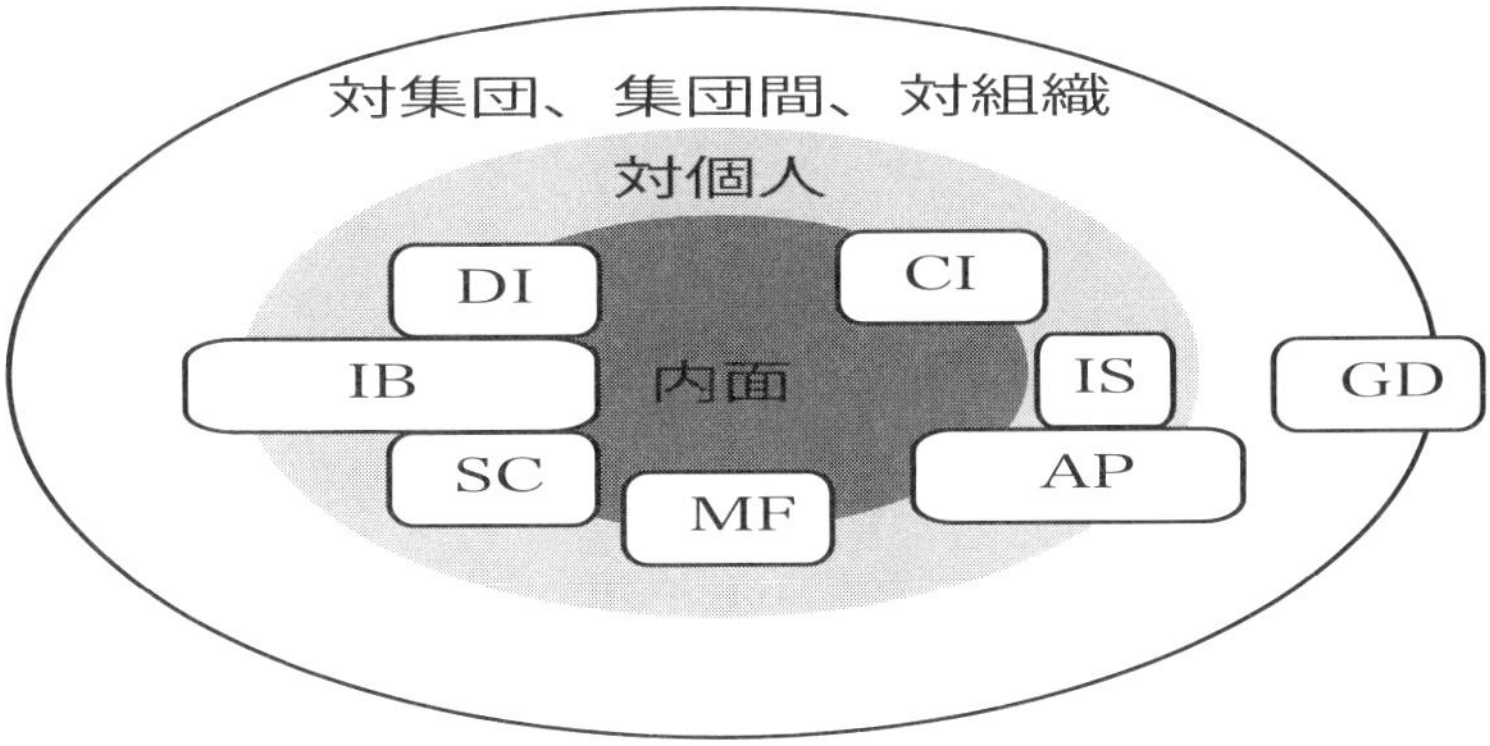

図４　行動表出の空間軸と標準演習の関係

この空間軸での表出行動を見やすくするために、ＷＨＡＰでは、八つの標準演習を体系づけて位置づけている。

2. 八つの標準演習と空間軸との関係

ＷＨＡＰでは、五つのシミュレーションと三つのインタビューによる合計八つの演習を標準演習としている。八つの演習を標準演習としている理由は、五つのシミュレーション演習（ＧＤ、ＩＢ、ＳＣ、ＩＳ、ＡＰ）については、一九五〇年代より開発され、科学的な実践研究が積み重ねられた定番のアセスメント・センター・メソッドとして選択している。深層背景面接（ＤＩ）については、一九七〇年代より経営者、上級管理者選抜で導入が進み、コンピテンシー面接（ＣＩ）とマネジメント・ファンクション面接（ＭＦ）については、一九八〇年代より経営者、上級管理者選抜で導入が進み、それぞれシミュレーションの演習ではとらえにくい深いレベルでの職務遂行能力、価値観、意識などがとらえられることから、ＷＨＡＰの標準演習として選択している。

表7　八つの標準演習

五つのシミュレーション	三つのインタビュー
1. ＧＤ（グループ討議）	1. ＭＦ（マネジメント・ファンクション面接）
2. ＩＢ（インバスケット）	2. ＣＩ（コンピテンシー面接／背景面接）
3. ＳＣ（ショートケース）	3. ＤＩ（深層背景面接）
4. ＩＳ（面接／交渉）	
5. ＡＰ（分析発表）	

それぞれの標準演習の解説に入る前に、「Ⅳ．標準演習の考え方1．❷行動表出の空間軸での分類」（四六頁）の解説をふまえた態度・行動観察の空間軸と標準演習の関係を解説する。

3. 標準演習と空間軸の関係

❶ 空間軸で見た演習毎の行動観察度合

表8　空間軸で見た演習毎の行動観察度合

空間軸	八つの標準演習		
	顕著に観察できる	中レベルに観察できる	一部観察できる
対集団	GD	IB AP	SC
対個人	IS MF	IB AP CI DI	GD SC
内面	MF CI DI IB AP SC	IS	GD

① 対集団（グループ、インターグループ、オーガナイゼーション）の空間軸における行動を観察するのに最も適した演習

・GD（グループ討議演習）

②対個人（インターパーソナル）の空間軸における行動を観察するのに適した演習

・ＩＳ（面接演習、交渉演習）
・ＭＦ（マネジメント・ファンクション面接）
・ＡＰ（分析発表演習）

③内面（パーソナル）を観察するのに適した演習

○個人での職務遂行能力を観察する場合
・ＩＢ（インバスケット演習）
・ＳＣ（ショートケース演習）
・ＡＰ（分析発表演習）
・ＭＦ（マネジメント・ファンクション面接）

○パーソナリティ（意欲、バイタリティ、仕事に対する価値観など）を観察する場合
・ＣＩ（コンピテンシー面接）
・ＤＩ（深層背景面接）

❷ 演習別に見た空間軸毎の観察度合

八つの演習別に、三つの空間軸における行動観察の顕著さを表したものが次の表である。

標準演習別に見た空間軸での観察度合を色の濃さで表している。◎は顕著、色が濃いほど、その演習における態度・行動の表出が多く観察される。

顕著に観察できる	中レベルに観察できる	一部観察できる

表9　演習別に見た空間軸毎の行動観察度合

標準演習名	概　要	空間軸		
		内面	対個人	対集団
①GD グループ討議演習	集団場面における個人の行動特性・傾向を評価する。五～六名のグループに課題が与えられ、議論を通してグループ全体としての成果を導き出す演習。			◎
②IB インバスケット演習	個人での案件処理・指示伝達作業の場面における行動特性・傾向を評価する。二〇～三〇件程度の未決案件を、限られた時間内で問題や課題を抽出し、適切な解決処理を行う演習。	◎		

③SC ショートケース演習	個人での問題解決の場面における行動特性・傾向を診断する。ビジネスの諸問題に関するショートケースを読み込み、情報を整理・分析し、個人で求められる成果資料を作成する演習。	◎		
④IS 面接演習／交渉演習	対個人に対する行動特性・傾向を評価する。顧客または問題を抱えた部下と一対一の面接を行い、部下指導や動機付け、折衝、交渉などを行う演習。		◎	—
⑤AP 分析発表演習	個人での分析企画と発表場面における行動特性・傾向を診断する。与えられた演習教材（ロングケース）を分析するか、または自分自身の職場の問題点を分析し、所定の時間で発表する。	◎		
⑥MF マネジメント・ファンクション面接	経営管理に求められる見識を評価する。経営管理の分野（マーケティング、生産技術、HRM、ファイナンスなど）の専門家との面接によって、評価を行う演習。	◎	◎	—
⑦CI コンピテンシー面接／背景面接	個人の行動特性を診断評価する。一対一で行動事実の発揮の背景を面接によって聞き出し、行動特性（パターン）の診断評価を行う演習。	◎		—
⑧DI 深層背景面接	個人の心理特性を診断評価する。一対一で意見や感じ方について深く話し、より深い潜在的な心理部分を掘り起こし、心理特性の診断評価を行う演習。	◎		—

4. 標準演習の概要

❶〔GD〕グループ討議演習（Group Discussion）
❷〔IB〕インバスケット演習（IN - Basket）
❸〔SC〕ショートケース演習（Short Case）
❹〔IS〕面接演習／交渉演習（Interview Simulation）
❺〔AP〕分析発表演習（Analysis Presentation）
❻〔MF〕マネジメント・ファンクション面接（Management Function Interview Analysis）
❼〔CI〕コンピテンシー面接／背景面接（Competency Interview Analysis）
❽〔DI〕深層背景面接（Depth Interview Analysis）

各標準演習毎の「概要と一般的な進め方」と、「観察される行動特性」について述べる。

❶〔GD〕グループ討議演習（Group Discussion）

集団場面における個人の行動特性・傾向を評価する。五〜六名のグループに課題が与えられ、議論を通してグループ全体としての成果を導き出す演習。

①GD（グループ討議演習）の概要と一般的な進め方（表10）

概要	集団全体が協力して、問題解決と意思決定を行うためのグループ討議演習である。組織における上下左右の職制関係をリーダーレス・グループ討議として同等の立場で設定し、対集団における対人関係能力を反映させ、行動観察を行う。 協力的グループ討議演習も、対立的グループ討議演習も「リーダーレス」（同等の立場）で行われるのは、対下位集団のリーダーとしてのリーダーシップ能力を診断しようとするだけでなく、同時にメンバーとして、フォロワーとしての対集団能力を行動観察するからである。 協力的グループ討議演習の場合は、集団全体が協力して問題解決にあたる中での行動を観察するのに対して、調整的グループ討議演習では、組織と人間関係における相違・対立・葛藤を関係者間で十分に話し合い、状況の調整を図る行動を観察する。 協力的グループ討議は主に、集団内におけるリーダーシップ行動を観察するのに適しているのに対し、対立的グループ討議は、集団間、組織におけるリーダーシップ行動を観察するのに適している。
ケース内容	（協力的グループ討議演習の場合） 集団全体が協力して、問題解決と意思決定の勧告を求める。 ・経営戦略課題　・事業戦略課題　・組織管理課題　・販売管理課題 ・生産管理課題　・人事管理課題　・人間関係課題　・業績向上課題など

（対立的グループ討議演習の場合）

標準六名のアセッシー（被評価者）が、それぞれ模擬的な部署のリーダーとしての役割を記述した資料を渡され、それぞれがその部署のリーダーの立場になって話し合い結論を出すことを求める。
・人材の配分と登用・選抜
・場所空間や資材の配分問題
・予算や資金の割当問題

進め方

（グループの編成）

グループ編成は組織開発学の観点から、六名を標準とする。七名を超える場合は、発言する人、しない人がはっきりと分かれてしまい、集団内で集団が生じたり異常事態が発生しやすくなる。また四名以下の場合は、意見の多様性に欠けることと、集団のサイズの小ささから、対集団というより対個人の空間軸の方が強くなり、対集団能力が見えにくくなることから、六名が標準といえる。止むを得ない時は五名とする。


（進め方例）
1．概要説明（アセッサー）　五分
2．事前準備（個人作業）　一〇分
3．グループ討議演習　四五分　ＶＴＲ撮影
4．ＶＴＲ観察　三〇～四五分
5．自己診断、他者診断　一〇～二〇分
6．相互啓発フィードバック　二〇～三〇分

②GD（グループ討議演習）で観察される行動特性（表11）

観察される行動特性	グループ討議演習は、ケース内容の設計次第で、ほぼすべての行動特性が観察できるが、的確に観察できるところは以下のとおりである。 対集団の空間軸で全てのDM（ディメンション）大項目を網羅している。 特に、ヒューマン・マネジメント能力、基礎力の行動特性が観察できる。			
DM 四分類	DM大項目	内面	対個人	対集団
I マネジメント・プロセス	1. 戦略視点			
	2. 戦略構築力			
	3. 組織視点			
	4. 組織行動			◎
	5. 課題解決力			◎
	6. 計画実行力			◎
	7. 評価力			
II ヒューマン・マネジメント能力	1. 協働性			◎
	2. 対人影響力			◎
	1. 表現力			◎
	2. 受容力			◎

区分	項目			
Ⅲ 基礎力	3. 傾聴力			◎
	4. 質問力			◎
	5. 感受性			◎
Ⅳ 基本資質	1. 実行力			◎
	2. 自立性			◎
	3. 自律一貫性			◎
	4. 執着心			◎
	5. ストレス耐性			◎

顕著に観察できる	
中レベルに観察できる	
一部観察できる	

❷〔ＩＢ〕インバスケット演習（IN - Basket）

個人での案件処理・指示伝達作業の場面における特性・傾向を評価する。二〇～三〇件程度の未決案件を、限られた時間内で問題や課題を抽出し、適切な解決処理を行う演習。

①ＩＢ（インバスケット演習）の概要と一般的な進め方（表12）

概　要	
	日常的に生起する未決箱（インバスケット）に入った案件を処理するという状況を設定したのがインバスケット演習である。未決箱（インバスケット）には、社内外や組織の上下左右の関係者からの未決案件（社外書簡・書類、社内文書、私信、報告書、申請書、提案、届など）が入っている。アセッシー（被評価者）は、それらの案件に対して必要な処置をとり、与えられた未決箱を既決箱にする。このインバスケット処理は、アセッシー（被評価者）の職場における同様な問題解決・案件処理能力、文書による意思疎通能力などを投影するのであり、処理されたインバスケットを分析・診断することによって、参加者の職務遂行能力をアセスメントするのである。 インバスケットの処理は、大きく三種類ある。 ・通信文による処理（一般的） 　文書（メール）で基本は宛先をつけて通信文として処理をするもの ・アクション記述による処理（慶応ビジネススクールなど） 　案件毎に、考えられる処理アクションを記述するもの

	・選択式回答と理由記述（外資系） 処理の選択肢を選び、それを選んだ理由を記述するもの
ケース内容	ケースは、基本はアセッシー（被評価者）と同等もしくは、ワンランク上のポジションの立場の人物になりきり意思決定を行うように設定する。環境条件は、アセッシー（被評価者）の経験値による差ができるだけ生じないように、違う業界、業種での設定にすることが多い。経験値による差が出なければ、職場に近いケース設定でも可能である。案件数は、二〇～三〇件が一般的である。
進め方	個人作業で進める。途中でＩＳ（面接／交渉）演習や、ＡＰ（分析発表）演習のプレゼンテーション（発表）を一人ずつ別部屋で行うことが一般的である。 （進め方例） 1．概要説明（アセッサー）　一〇分 2．個人作業　一二〇分 同時並行で、ＩＳ、ＡＰなど

②-B（インバスケット演習）で観察される行動特性（表13）

観察される行動特性	インバスケット演習は、ケース内容の設計次第で、口頭表現、傾聴姿勢以外のほぼすべての特性が観察できる。インバスケット演習の場合、二時間で複数の業務処理を行うのであるが、時間軸でみるとすぐに解決が必要な短い時間軸での案件が多く、一ヵ月以上先の戦略を扱う場合は、AP（分析発表）演習が適している。			
DM四分類	DM大項目	内面	対個人	対集団
Ⅰ マネジメント・プロセス	1. 戦略視点			
	2. 戦略構築力			
	3. 組織視点	◎		
	4. 組織行動	◎		
	5. 課題解決力	◎		
	6. 計画実行力	◎		
	7. 評価力	○		
Ⅱ ヒューマン・マネジメント能力	1. 協働性	○		
	2. 対人影響力	○		

区分	項目	顕著に観察できる	中レベルに観察できる	一部観察できる
Ⅲ 基礎力	1. 表現力	○		
	2. 受容力	○		
	3. 傾聴力			
	4. 質問力	◎		
	5. 感受性	○		
Ⅳ 基本資質	1. 実行力	◎		
	2. 自立性	◎		
	3. 自律一貫性	◎		
	4. 執着心	◎		
	5. ストレス耐性	◎		

❸〔SC〕ショートケース演習（Short Case）

個人での問題解決の場面における行動特性・傾向を診断する。ビジネスの諸問題に関するショートケースを読み込み、情報を整理・分析し、個人で求められる成果資料を作成する演習。

①SC（ショートケース演習）の概要と一般的な進め方（表14）

概　要	日常的に生起する課題を解決するケーススタディがショートケースである。AP（分析発表）演習がロングケースという数十ページにおよぶケースに対して、ショートケースは、多くても五ページ以内である。IB（インバスケット演習）やAP（分析発表演習）よりも短い時間で行えるメリットがある。 一般的には、ケースに一〜三つの課題ケースがあり、それぞれの分析能力と解決能力を問う設問があり、アセッシー（被評価者）は、個人作業によって定められたワークシートに記述を行って成果物を作成する。分析結果をアセッサー（評価者）に対してプレゼンテーション（発表）を行うこともある。
ケース内容	ケースは、IB（インバスケット演習）と同様に、基本はアセッシー（被評価者）と同等もしくは、ワンランク上のポジションの立場の人物になって意思決定を行うように設定する。環境条件は、アセッシー（被評価者）の経験値による差ができるだけ生じないように、違う業界、業種での設定にすることが多い。経験値による差が出なければ、職場に近いケース設定でも可能である。 空間軸では、対集団レベルのチーム内における人間関係課題、業績向上課題がケース内容になることが多い。

進め方
個人作業で進める。 （進め方例） 1．概要説明（アセッサー）　一〇分 2．個人作業　六〇～九〇分 3．プレゼンテーション　一〇～二〇分

②SC（ショートケース演習）で観察される行動特性（表15）

SC（ショートケース演習）は、IB（インバスケット演習）と同様に、ケース内容の設計次第で、口頭表現、傾聴姿勢以外のほぼすべての行動特性が観察できる。SC（ショートケース演習）の場合、約六〇～九〇分という短時間で分析、解決策の策定を行うのであるが、時間軸でみるとすぐに解決が必要な短い時間軸での案件が多く、一ヵ月以上先の戦略を扱う場合は、AP（分析発表演習）が適している。

時間軸	SC（ショートケース）	AP（分析発表）
すぐ	◎	
一ヵ月以上先		◎

観察される行動特性				
DM四分類	DM大項目	内面	対個人	対集団
I　マネジメント・プロセス	1．戦略視点			
	2．戦略構築力			
	3．組織視点	◎		
	4．組織行動	◎		
	5．課題解決力	◎		

	6. 計画実行力	◎		
	7. 評価力	◎		
Ⅱ ヒューマン・マネジメント能力	1. 協働性	◎		
	2. 対人影響力	◎		
Ⅲ 基礎力	1. 表現力	◎		
	2. 受容力	◎		
	3. 傾聴力			
	4. 質問力			
	5. 感受性	◎		
Ⅳ 基本資質	1. 実行力	◎		
	2. 自立性	◎		
	3. 自律一貫性	◎		
	4. 執着心	◎		
	5. ストレス耐性	◎		

顕著に観察できる
中レベルに観察できる
一部観察できる

④〔IS〕面接演習／交渉演習（Interview Simulation）

対個人に対する行動特性・傾向を評価する。顧客または問題を抱えた部下や後輩と一対一の面接を行い、部下指導や動機付け、折衝、交渉などを行う演習。

①IS（面接演習／交渉演習）の概要と一般的な進め方（表16）

概　要	IS（面接演習／交渉演習）は、対個人すなわち、一対一の空間における職務遂行能力をアセスメントするものである。顧客、社内の上司、部下、同僚など企業内外における人との面接、商談、打ち合わせの場を設定し演習を行う。
ケース内容	ケースは、対部下への面接、対顧客との交渉が一般的である。 対部下への面接ケースは、問題のある部下に対して、現状の問題を認識し合い、解決策を導き出し、相互に納得することを目指すケースが一般的である。 ・人間関係課題 ・業績向上課題 ・規律課題 ・ＯＪＴなど人材育成課題など 対顧客の交渉ケースは、クレーム対応、提案を行い、顧客満足および商談の成立を目指すケースが一般的である。 ・クレーム対応 ・提案による商談成立 ・部下同行 ・顧客アプローチとニーズヒアリングなど

進め方
アセッサー（評価者）とアセッシー（被評価者）の一対一で進める場合は、アセッサー（評価者）が部下、顧客などの役を演じながらアセスメントを行う。その場合、同時に言動観察が記録できないため、役者を使って、アセッサー（評価者）が言動観察に専念する方法が本来の方法である。 （進め方例） 1．概要説明（アセッサー）　三分 2．事前準備の個人作業　一〇分 3．面接／交渉の実施　一〇分 ※面接／交渉の時間設定は、場面設定、難易度によって異なる。

②IS（面接演習／交渉演習）で観察される行動特性（表17）

IS（面接演習／交渉演習）は、一対一の状況設定で行うことから、対個人の空間での職務遂行力の発揮を顕著に観察することができる。またケースの設計次第で、意思疎通能力だけでなく、戦略構築や計画策定などの思考力、ストレス耐性などの個人特性を見ることができる。しかし、通常一〇分程度のやりとりの設定となっているため、観察事実の量的には制限があるため、重点的にアセスメントしたい項目をケース設計時に絞り実施する。

観察される行動特性		観察される行動特性		
DM 四分類	DM大項目	内面	対個人	対集団
Ⅰ マネジメント・プロセス	1. 戦略視点		◎	
	2. 戦略構築力		◎	
	3. 組織視点		◎	
	4. 組織行動		◎	
	5. 課題解決力		◎	
	6. 計画実行力		◎	
	7. 評価力		◎	
Ⅱ ヒューマン・マネジメント能力	1. 協働性		◎	
	2. 対人影響力		◎	

Ⅲ 基礎力	1. 表現力		◎	
	2. 受容力		◎	
	3. 傾聴力		◎	
	4. 質問力		◎	
	5. 感受性		◎	
Ⅳ 基本資質	1. 実行力		◎	
	2. 自立性		◎	
	3. 自律一貫性		◎	
	4. 執着心		◎	
	5. ストレス耐性		◎	

顕著に観察できる

中レベルに観察できる

一部観察できる

❺〔AP〕分析発表演習（Analysis Presentation）

個人での分析企画と発表場面における行動特性・傾向を診断する。与えられた演習教材（ロングケース）を分析するか、または自分自身の職場の問題点を分析し、所定の時間で発表する演習。

①AP（分析発表演習）の概要と一般的な進め方（表18）

概要	AP（分析発表演習）は、主に組織の長としての立場と状況を設定し、数十ページにおよぶロングケースで、企業、事業組織の分析作業を行い、経営戦略、経営計画もしくは事業戦略、事業計画を策定し、定められたワークシートに記述する。（成果物の作成）これがAPのA（Analysis）のところである。次に作成した成果物をもとに、役員会、経営会議などを想定した場で発表（プレゼンテーション）を行う。これがAPのP（Presentation）である。
ケース内容	ケースは、 ・経営戦略課題 ・事業戦略課題 が一般的である。空間軸でみると、集団間、組織、時間軸で見ると、過去三ヵ年および現在の分析、将来の見通しとして、短期、中期、長期の思考が求められる。ケース内容は、市場対応、組織対応、財務対応と大きく三つの対応力が求められるようにデータがあり、それは業界動向などの定性データと財務情報などの定量データがある。市場対応では、マーケティング、組織対応ではマネジメント、財務対応ではファイナンスの基本レベルの知識力があることが前提となって組み立てられている。

進め方	アセッサー（評価者）とアセッシー（被評価者）で進める場合は、アセッサー（評価者）が社長もしくは役員などの役を演じながらアセスメントを行う。本来は、模擬的な役員会、経営会議の場を役者を複数使って設定し、発表の後に様々な立場から質疑応答を行い、アセッサー（評価者）は観察に徹するのが基本である。 （進め方例） 1．概要説明（アセッサー）　一〇分 2．個人作業　一二〇分 3．発表、質疑応答の実施　一〇～二〇分 ※発表の時間設定は、場面設定、難易度によって異なる。

②ＡＰ（分析発表演習）で観察される行動特性（表19）

観察される行動特性	ＡＰ（分析発表演習）は、マネジメント・プロセスにおける思考力について最も顕著に見ることができる。これは成果物に顕著に表れる。また、発表（プレゼンテーション）、質疑応答での態度、言葉づかい、聞き手への配慮、表現力など対個人、対集団における意思疎通能力も観察することができる。しかし、発表、質疑応答の時間が短いことから、表出データは限られるため、発表時の特に質疑応答の内容については、項目を絞って設計することが必要である。			
DM 四分類	**DM大項目**	**内面**	**対個人**	**対集団**
Ⅰ　マネジメント・プロセス	1．戦略視点	◎		
	2．戦略構築力	◎		
	3．組織視点	◎		
	4．組織行動	◎		
	5．課題解決力	◎		
	6．計画実行力	◎		
	7．評価力	◎		
Ⅱ　ヒューマン・マネジメント能力	1．協働性	◎		
	2．対人影響力	◎		

Ⅲ 基礎力					Ⅳ 基本資質				
1. 表現力	2. 受容力	3. 傾聴力	4. 質問力	5. 感受性	1. 実行力	2. 自立性	3. 自律一貫性	4. 執着心	5. ストレス耐性
◎				◎	◎	◎	◎	◎	◎

顕著に観察できる

中レベルに観察できる

一部観察できる

❻〔ＭＦ〕マネジメント・ファンクション面接（Management Function Interview Analysis）

経営管理に求められる見識を評価する。経営管理の分野（マーケティング、生産技術、ＨＲＭ、ファイナンスなど）の専門家との面接によって、評価を行う演習。

①ＭＦ（マネジメント・ファンクション面接）の概要と一般的な進め方（表20）

概要	ＭＦ（マネジメント・ファンクション面接）は、個人面接によるインタビューで行われる。経営管理の分野毎の専門家とそれぞれ二時間の面接が行われ、マーケティングや生産技術などそれぞれの分野における知見、考え方の特性を評価する。
インタビューを行う専門分野	経営者、経営幹部に必要な分野として、一般的に以下の分野による専門家（経営コンサルタント、大学教授、会計士など）と面接がなされる。 ・マーケティング ・生産技術 ・ＨＲＭ（人的資源管理） ・ファイナンス ・組織開発 ・コンプライアンス など。社内の専門家では、公平な評価とならないことが多く、社外の専門家によって基本は行われる。

進め方
一日に三テーマ（二時間×三回）で行われるのが一般的である（午前中に一回、午後に二回）。面接を行う専門家が入れ替わり実施する。 （進め方例）一回あたり 1．概要説明（専門家）　五分 2．専門家によるインタビュー　一二〇分

②ＭＦ（マネジメント・ファンクション面接）で観察される行動特性（表21）

観察される行動特性				
ＭＦ（マネジメント・ファンクション面接）は、経営に必要な各分野毎のアセッシー（被評価者）の知見を深く観察、評価することができる。その分野における知識だけでなく、専門家からの鋭い質問にも、たじろぐことなく理路整然と回答する能力も求められることから、内面だけでなく、対個人の空間における能力も顕著に見ることができる。但し、主な評価項目は、各分野毎に設定される。 〔例〕マーケティング分野におけるブランド戦略、ファイナンス分野におけるキャッシュフロー戦略など。				
DM 四分類	**DM大項目**	**内面**	**対個人**	**対集団**
I マネジメント・プロセス	1. 戦略視点	◎	◎	
	2. 戦略構築力	◎	◎	
	3. 組織視点	◎	◎	
	4. 組織行動	◎	◎	
	5. 課題解決力	◎	◎	
	6. 計画実行力	◎	◎	
	7. 評価力	◎	◎	

Ⅱ　ヒューマン・マネジメント能力	1．協働性	◎	◎	
	2．対人影響力	◎	◎	
Ⅲ　基礎力	1．表現力	◎	◎	
	2．受容力	◎	◎	
	3．傾聴力	◎	◎	
	4．質問力	◎	◎	
	5．感受性	◎	◎	
Ⅳ　基本資質	1．実行力	◎	◎	
	2．自立性	◎	◎	
	3．自律一貫性	◎	◎	
	4．執着心	◎	◎	
	5．ストレス耐性	◎	◎	

顕著に観察できる

中レベルに観察できる

一部観察できる

❼〔CI〕コンピテンシー面接／背景面接（Competency Interview Analysis）

個人の行動特性を診断評価する。一対一で言動事実の発揮の背景を面接によって聞き出し、行動特性（パターン）の診断評価を行う演習。

①CI（コンピテンシー面接／背景面接）の概要と一般的な進め方（表22）

概要

CI（コンピテンシー面接／背景面接）は、個人面接によるインタビューで行われる。DI（深層背景面接）との違いは、CI（コンピテンシー面接／背景面接）が、個人の行動特性をインタビューの焦点としているのに対して、DI（深層背景面接）は、心理特性を焦点としている。

	CI	DI
行動特性	◎	
心理特性		◎

行動特性は、職種、階層において、職務遂行に際しての思考、感情、価値観などが焦点となり、心理特性は、心のより深層に向かい嬉しかったこと、悲しかったこと、悔しかったことなど、心理的文脈をインデックスにして職務とアセッシー（被評価者）との個人的な関係を焦点としていく。よって、CI（コンピテンシー面接／背景面接）は、職務行動のバックボーンとなる思考、感情、価値観が表出されるのに対して、DI（深層背景面接）は、より個人的な動機、価値観、心情が表出される。

インタビュー内容	アセッシー（被評価者）の職務における過去の具体的行動に関する具体的事例を抽出することで、行動特性（＝コンピテンシー）を抽出整理する。どのような状況で（Situation）、何を担当し（Task）、具体的にどのような行動を行い（Action）、どんな結果を導き出したか（Result）を聞き出す。
進め方	一人一時間で行われるのが一般的である。事前に面接カードの質問項目に記述をしてもらい、それに基づいて行う。 （進め方例）一回あたり 1．概要説明（専門家）　五分 2．事前準備の個人作業　三〇分 3．インタビュー　六〇分

②CI（コンピテンシー面接／背景面接）で観察される行動特性（表23）

観察される行動特性	
	CI（コンピテンシー面接／背景面接）は、職務における過去の具体的な行動事実、そこで何を大切にし（価値観）、どういう思考で成果を獲得してきたかが表出される。その行動特性から、企業が求める戦略に必要な行動を期待できるかどうか評価するために有効な面接である。よって、観察される言動特性は、企業の戦略実現に必要な言動をベースに、インタビュー項目を設計し、実施する。 〔例〕 企業の戦略実現に必要な行動「課題解決型営業の指導」↓課題解決営業を部下に指導し、成果をあげた具体的な事実のインタビュー。一対一で行うことから、対個人での職務遂行能力についても観察することができる。

DM四分類	DM大項目	内面	対個人	対集団
I　マネジメント・プロセス	1. 戦略視点	◎		
	2. 戦略構築力	◎		
	3. 組織視点	◎		
	4. 組織行動	◎		
	5. 課題解決力	◎		

区分	項目	
	6. 計画実行力	◎
	7. 評価力	◎
Ⅱ ヒューマン・マネジメント能力	1. 協働性	◎
	2. 対人影響力	◎
Ⅲ 基礎力	1. 表現力	◎
	2. 受容力	
	3. 傾聴力	
	4. 質問力	
	5. 感受性	◎
Ⅳ 基本資質	1. 実行力	◎
	2. 自立性	◎
	3. 自律一貫性	◎
	4. 執着心	◎
	5. ストレス耐性	◎

顕著に観察できる

中レベルに観察できる

一部観察できる

❽〔DI〕深層背景面接（Depth Interview Analysis）

個人の心理特性を診断評価する。一対一で意見や感じ方について深く話し、より深い潜在的な心理部分を掘り起し、心理特性の診断評価を行う演習。

①DI（深層背景面接）の概要と一般的な進め方（表24）

<table>
<tr><td>概要</td><td>DI（深層背景面接）の目的は、企業経営や事業経営を行う本人の目的の背後にある深層心理を評価するもので、経営者、事業責任者としての役割を担う上で、個人の深層にある動機や、心情、価値観などが、企業の求める経営理念、経営方針、行動指針に適合するかを見定めるものである。
<table>
<tr><td></td><td>CI</td><td>DI</td></tr>
<tr><td>行動特性</td><td>◎</td><td></td></tr>
<tr><td>心理特性</td><td></td><td>◎</td></tr>
</table>
心理特性は、心のより深層に向かい嬉しかったこと、悲しかったこと、悔しかったことなど、心理的文脈をインデックスにして職務とアセッシー（被評価者）との個人的な関係を焦点としていく。DI（深層背景面接）は、より個人的な動機、価値観、心情が表出される。</td></tr>
<tr><td>インタビュー内容</td><td>アセッシー（被評価者）の職務における過去の具体的行動に関する具体的事例とその時の深層の心理を抽出することで、心理的文脈をインデックスにして、職務と被評価者との深層にける個人的な関係を浮き彫りにしていく。CI（コンピテンシー面接／背景面接）より、</td></tr>
</table>

	行動の背景にある心情や価値観、充実感、満足感などに焦点をおいたインタビューとなっている。
進め方	一人一時間で行われるのが一般的である。事前に面接カードの質問項目に記述をしてもらい、それに基づいて行う。 （進め方例）一回あたり 1．概要説明（専門家）　五分 2．事前準備の個人作業　三〇分 3．インタビュー　六〇分

②DI（深層背景面接）で観察される心理特性（表25）

観察される心理特性	DI（深層背景面接）は、職務における過去の具体的な行動事実とその深層に働く心理が表出される。その心理特性から、企業が経営者や事業責任者として任せられる人物かどうかを評価するために有効な面接である。よって、観察される心理特性は、企業の求める人間観、理念、経営方針、行動指針に的確かどうかが評価される。よって、インタビュー項目などは、CI（コンピテンシー面接／背景面接）が企業戦略、事業戦略に基づいて設計されるのに対し、DI（深層背景面接）は、経営理念、経営哲学、求める社員像、行動指針が基となり設計される。			
DM 四分類	DM大項目	内面	対個人	対集団
I　マネジメント・プロセス	1. 戦略視点	◎		
	2. 戦略構築力	◎		
	3. 組織視点	◎		
	4. 組織行動	◎		
	5. 課題解決力	◎		
	6. 計画実行力	◎		
	7. 評価力	◎		

区分	項目	評価
Ⅱ ヒューマン・マネジメント能力	1. 協働性	◎
	2. 対人影響力	◎
Ⅲ 基礎力	1. 表現力	◎
	2. 受容力	
	3. 傾聴力	
	4. 質問力	
	5. 感受性	◎
Ⅳ 基本資質	1. 実行力	◎
	2. 自立性	◎
	3. 自律一貫性	◎
	4. 執着心	◎
	5. ストレス耐性	◎

顕著に観察できる

中レベルに観察できる

一部観察できる

5．標準演習設計の考え方

❶ 基本的な考え方

決定したディメンション（DM）を言動観察できるように網羅性を持った演習課題で構成していく。そのための標準演習の設計にあたっての枠組みを解説する。

演習課題は、能力軸、階層軸、職種軸で求められる能力（ディメンション）を、その能力（ディメンション）が発揮行動として最適に観察される場面を空間軸と時間軸から設定し、その場面設定に最適な標準演習をシミュレーション、インタビューより選定し、ケース内容など各種演習の詳細の設計を行う。

標準演習設計＝ディメンション（能力軸 ×階層軸 ×職種軸）
×行動観察（空間軸 ×時間軸）
×標準演習（シミュレーション ×インタビュー）

図5
標準演習設計の考え方

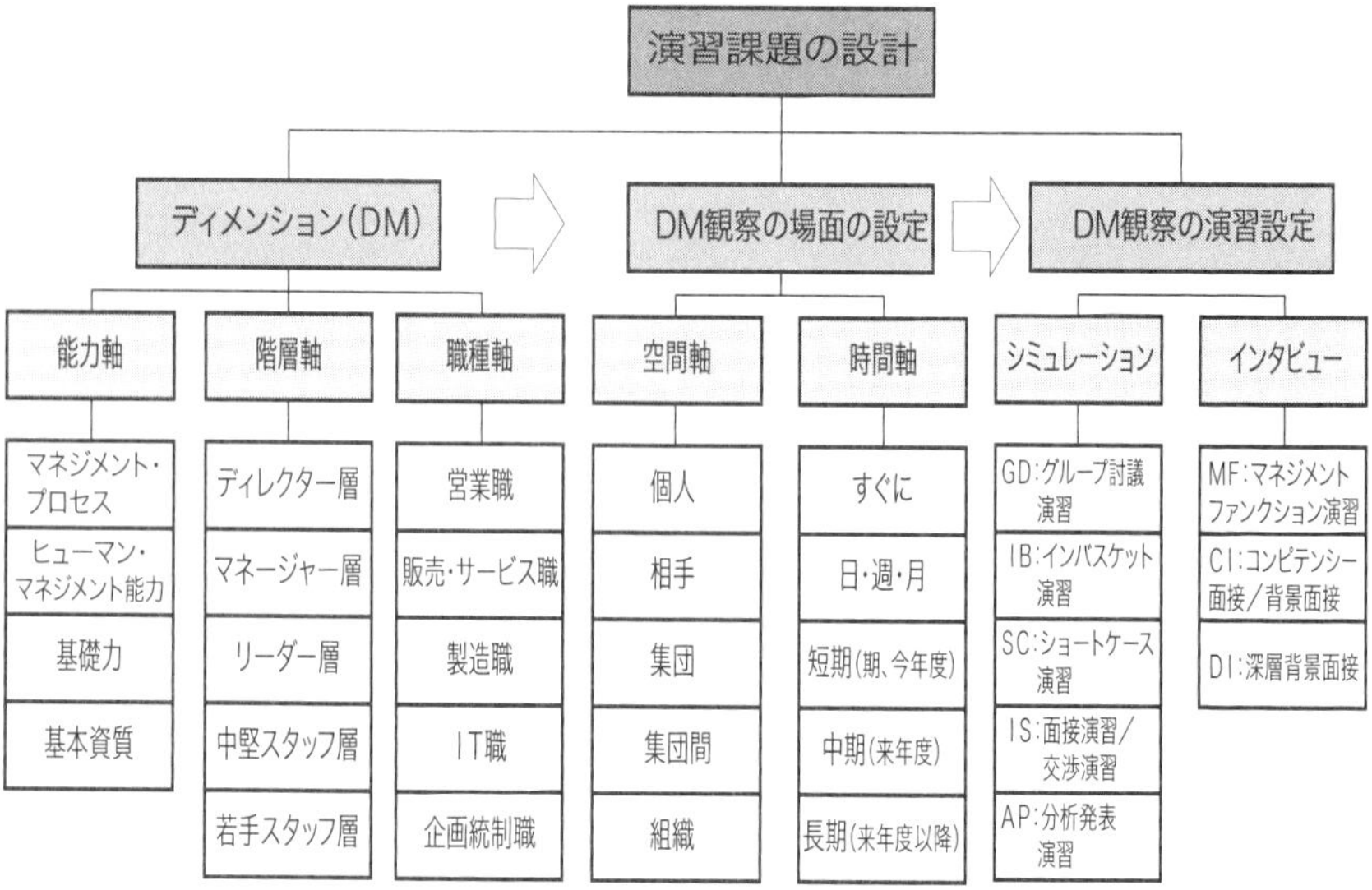

図６　演習課題の設計の全体像

ディメンション（DM）は、四つの能力軸と五つの階層軸、五つの職種別の掛け合わせで決定される。

ディメンションが決定されると、そのディメンションを行動観察できる場面の設定を行う。その時は基本的に、五つの空間軸と五つの時間軸の掛け合わせで、設定される。

ディメンションの観察の場面が設定されると、次に八つの標準演習（五つのシミュレーションと三つのインタビュー）から、適切な標準演習を選択し、ケース内容や、進め方（詳細プログラム）が設計される。

❷ 演習課題の設計の概要

(1) ディメンションの決定

階層軸、職種軸から必要な行動特性を明確にする。

表26　階層と職種における行動特性の明確化

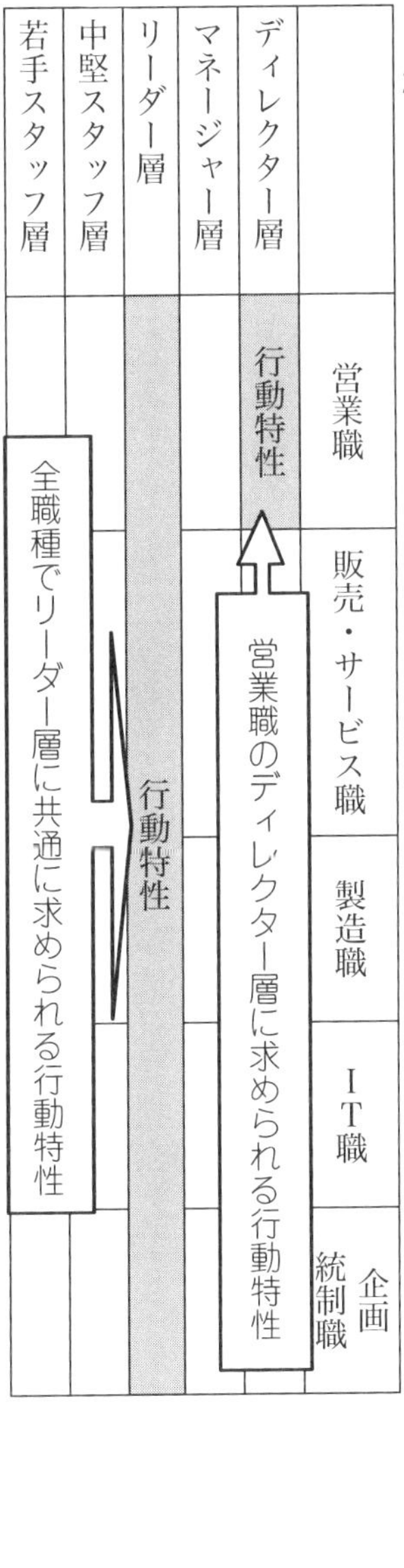

例

・職種と階層で求められる行動特性を抽出↓営業職のディレクター層に求められる行動特性

・階層で共通に求められる行動特性を抽出↓リーダー層に共通に求められる行動特性

・職種で共通に求められる行動特性を抽出↓営業職に共通に求められる行動特性

⑵ 求められる行動特性を標準ディメンションと紐《ひも》づけし、ディメンションを決定する

表27 求められる行動特性を標準ディメンションと紐づけ

求められる行動特性リスト	標準ディメンション			
	マネジメント・プロセス	ヒューマン・プロセス	基礎力	基本資質
行動特性A	・・・・・			・・・・・
行動特性B		・・・・・	・・・・・	・・・・・

ディメンションの決定

DM 四分類	DM大項目	決定ディメンション	求められる行動特性
I マネジメントプロセス	1．戦略視点	戦略構築力	・・・・・・・・・・・・
	2．戦略構築力		・・・・・・・・・・・・
	3．組織視点	組織行動	・・・・・・・・・・・・
	4．組織行動		・・・・・・・・・・・・
	5．課題解決力	課題解決力	・・・・・・・・・・・・
	6．計画実行力	計画実行力	・・・・・・・・・・・・

⑶ 決定されたディメンションを観察する演習の設計

決定されたディメンションを態度・行動観察ができるように演習を設計する。

・その行動特性が求められる職務遂行の場面を空間軸と時間軸で想定する
・八つの標準演習（五つのシミュレーションと三つのインタビュー）から最適な演習を設定する
・選定された標準演習の詳細設計（ケース作成、プログラムの設計など）を行う

表28　ディメンション毎の観察場面設定と重点演習の選択表

DM 四分類	決定ディメンション	求められる行動特性	空間軸	時間軸	シミュレーション	インタビュー
Ⅰ マネジメント・プロセス	戦略構築力	・・・・・・・・	集団	3M	AP	MF
		・・・・・・・・	集団	3M	AP	MF
	組織行動	・・・・・・・・	集団	3M	GD	MF
		・・・・・・・・	集団	2W	IB	CI
	課題解決力	・・・・・・・・	集団	2W 1Y	IB AP	CI
	計画実行力	・・・・・・・・	集団	2W 1Y	IB AP	CI
Ⅱ ヒューマン・マネジメント能力	協働性	・・・・・・・・	集団 対人	1W	GD	・・・・
	対人影響力	・・・・・・・・	集団 対人	1W	IS GD	・・・・
Ⅲ 基礎力	表現力	・・・・・・・・	・・・・	・・・・	・・・・	・・・・
	受容力	・・・・・・・・	・・・・	・・・・	・・・・	・・・・

（演習別評価表）

DM 四分類	決定ディメンション	求められる行動特性	GD	IB	AP	IS
Ⅰ マネジメント・プロセス	戦略構築力	・・・・・・・	2	2	2	2
	組織行動	・・・・・・・	3	3-	2	3-
	課題解決力	・・・・・・・	3-	3-	2	3-
	計画実行力	・・・・・・・	3	3-	3-	3-
Ⅱ ヒューマン・マネジメント能力	協働性	・・・・・・・	3+	3+	3	3+
	対人影響力	・・・・・・・		3-	3	3
Ⅲ 基礎力	表現力	・・・・・・・		3-	3-	
	受容力	・・・・・・・				

演習毎に観察された行動に基づいて評価された結果

選択設計された演習

V. 標準評価の考え方

1. 三ステップ評価のプロセス

WHAPのアセスメントのプロセスは三段階で展開される。

第一ステップでは、演習における言動観察、インタビューとディメンション評価が行われる。

第二ステップでは、演習評点を報告・統合し、ディメンション毎の評価の相違点・一致点が明らかにされる。（目線合わせ）

第三ステップでは、ディメンション評価を統合して、全体的な最終診断が行われる。

表29　評価のステップ

ステップ	概要
第一ステップ 行動観察、インタビューとディメンション評価	アセッサー（評価者）は、独立して演習場面を観察、またはインタビューを行い、言動観察記録を行う。そして、観察、インタビューした事実に基づいて、演習毎のディメンション評価を演習別評価表に記入する。
第二ステップ アセッサー・ミーティング	アセッサー（評価者）は、アセッサー・ミーティングで言動観察記録と演習別評価表とに基づき、観察所見とディメンション評価について話し合う。アドミニストレーターを中心に、合意を目指して話し合いが行われ、アセッシー（被評価者）毎のディメンション別の最終評価の方向性が決定される。（能力のレベル、適正の判定、能力開発などの必要性など）
第三ステップ 評価結果の統合と最終診断	アセッサー（評価者）は、各個人毎の最終評価を決定し、アドミニストレーターと個別に最終調整を行う。そして、人事・上司、本人へのフィードバック・レポートの作成を行う。アドミニストレーターは、アセッサー（評価者）からの最終評価結果とフィードバック・レポートを統合し、クライアントへの報告書を作成し、報告を行う。

2．行動観察の考え方

標準評価の考え方の第一ステップにおけるアセッサー（評価者）の行動観察は、順序、内容、頻度の三つの要領で行う。

表30　行動観察の考え方

順　序	対象になっているアセッシー（被評価者）の言動を発生の順序に、時間の経過に従って記録する。
内　容	演習で表出するアセッシー（被評価者）の姿勢、表情、目配り、動作、態度と発言の内容とその発言がもたらした影響と効果などを記録する。表面に現れたこと以外に、「いわなかったこと」「しなかったこと」という負の事実にも注意を払い記録しておく。
頻　度	演習の後、行動観察記録の経過状況をふりかえり、言動の量的頻度を記録しておく。言動が全体時間の中で、前半、中途、後半などの時間帯に集中することがある。そのような場合には、そのことを特記しておく。

（行動観察における注意点）

・アセッサー（評価者）の主観で、「こうすべきであるが、こうしなかった」というような主観的・評価的な言動観察をしてはならない。

・演習の際に、観察をしながらその場で、ディメンションにあてはめようとしてはならない。それに気をとられて言動観察が疎かになるばかりか、観察が主観的になるからである。

・演習の際に、担当グループ内の相対評価や、過去のアセッシー（被評価者）との比較による相対評価を行ってはならない。アセスメントの行動観察は、あくまでも絶対評価による行動研究であり、言動の事実に集中する。

3. 評価の考え方

アセスメントの評価は、客観的な絶対評価で行われる。アセッサー（評価者）は、言動に焦点をあてて観察した事実に基づいて評価を次ページの基準を尺度にして行う。

演習毎の評価は、行動観察記録に基づいて、ディメンション毎に期待される言動特性をどの程度示したか（量と質）の基準で評価が行われる。評価において重要なことは、アセッシー（被評価者）の目標職務が求めるディメンションの言動を示したかどうかによって評価することである。

表31 評価の考え方

評価	評点	演習毎の評価の基準	演習毎の評価を統合した最終評価の基準
		ディメンション毎に、期待される行動特性をどれくらい示したか	評価の定義
5	5	非常に多く示した、非常に高い質	極めて優れている
4	4	かなり多く示した、高い質	優れている
3＋	3.3	多く示した、やや高い質	期待基準をやや上回っている
3	3	適度に示した、期待の質	期待基準
3－	2.7	少し適度に示した、やや不十分な質	期待基準をやや下回っている
2	2	ほとんど示さなかった、不十分な質	期待基準に達せず、不十分である
1	1	全く示さなかった、全く低い質	全くできていない

（評価における注意点）

・一つの観察事実が複数のディメンション評価にまたがること

評価されるディメンションが八つ未満の場合は、基本、またがってはならない。10以上の場合は、止むを得ないことであるが、四つ以上またがってはならない。四つ以上の場合、ハロー効果が働き、評価が偏向、歪曲《わいきょく》されることになりやすいためである。

・同じ演習で、前半と後半で著しく異なる行動の評価

演習別評価表にのみ、「3+＆4」もしくは「3-＆4」（前半＆後半）と記入する。平均して4としてはならない。他の演習での評価と合わせて、最終的に判断する。

・演習によって、あるディメンションの行動が全く観察されない場合

「NA」（Not Available）と記入し、平均値や「－」などを記入してはならない。

4. アドミニストレーターの役割

アドミニストレーターは、ヒューマン・アセスメントの品質にすべての責任を負う。講義全体をすべて担当し、必要な行動演習の解説、説明を行う。

アドミニストレーターの目的は、絶対的・原則的に、一貫性と標準化を確保することである。

(1) ヒューマン・アセスメント研修の設計、計画

ディメンションを決定し、演習を設計し、ヒューマン・アセスメント研修プログラムを作成する。また、改定を行う。

(2) 評価基準と評価システムの作成、および、アセッサー（評価者）との事前目線合わせ

ディメンション、演習毎に観察する言動の着眼点、基準を設定し、アセッサー（評価者）と目線合わせを行う。

また、必要に応じて言動観察記録を補完する評価システムを設計作成する。（評価チェックリストなど）

(3) アセッサー（評価者）・ミーティングの主催

演習場面のアセスメント・データを総合するミーティングを行う。アセッサー（評価者）間の評価の開きを話し合い、合意法による評価の決定を行う。

(4) 個別と全体の能力開発と組織変革のニーズの報告

アセッサー（評価者）からの評価結果、個人別フィードバック・レポートを統合し、個別と全体の能力開発、組織変革の課題と提言をクライアントに報告する。

5．アセッサー（評価者）の役割

(1) 行動データの収集

アセッサー（評価者）の主要役割は、アセッシー（被評価者）の演習において観察される言動データの収集・診断にある。そのため、演習の場の言動を観察し、必要な記録をとり、集積することになる。その観察記録は、ビデオ記録によっても補足される。

(2) サブ・アドミニストレーター（担当グループの進行）

アセッサー（評価者）は、演習グループをガイドするサブ・アドミニストレーターを務める。アセッサー（評価者）がＩＳ（面接演習／交渉演習）でロールプレイヤーを務めることがあるが、それはスタッフの人数の関係からである。プログラムによっては、担当グループのアセスメント結果から、個人別に面接を行い、フィードバックを行う。

(3) アセッサー・ミーティングでの目線合わせ

アセッサー（評価者）は、アセッサー・ミーティングに参加し、観察所見、評価結果について話し合う。そこではアドミニストレーターを中心に評価の根拠と理由、アセッサー（評価者）間の開きについて話し合い、総合的な評価と診断にいたる。

⑷ 担当グループの個人別フィードバック・レポートの作成

アセッサー（評価者）は、アセッサー・ミーティングでの総合的な評価と診断を受けて、細部の評価結果をアドミニストレーターと調整し、アセッシー（被評価者）個人別の最終評価と行動観察に基づくフィードバック・レポートを作成する。

⑸ アセスメント能力の向上

アセッサー（評価者）の質を維持向上するために、ＷＨＡＰ認定アセッサー養成トレーニングを定期的に実施している

養成トレーニングの重点は以下の通りである。

表32　アセッサー（評価者）養成の重点

ディメンションの背景概念の理解	経営戦略、事業戦略実現に求められる行動とディメンションの定義、考え方について修得する。
標準演習の理解	標準演習の背景、本質について修得する。
アセスメント能力	明確に言動観察を行い、それをディメンション評価に結び付け、その説明ができる能力を修得する。
フィードバック能力	演習の中で必要なアセッサー（評価者）による言動アドバイスの能力を修得する。
フィードバック・レポートの作成能力	個人別のフィードバック・レポートを作成する能力を修得する。

Ⅵ．標準評価の進め方

1．評価方法の考え方

ＷＨＡＰにおいては、通常のヒューマン・アセスメント同様にアドミニストレーター一名と五～六名のアセッシー（被評価者）に対し一名のアセッサー（評価者）が観察し評価を行う。

例えば、アセッシー（被評価者）二〇名であれば、一名のアドミニストレーターと四名のアセッサー（評価者）という構成で評価を行う。また、評価は一回きりで行うのではなく段階を踏んで行う。

正しい評価をする上で、大事な事は、「アドミニストレーター」「アセッサー（評価者）」の個人の思い込み評価につきものの効果（ハロー効果等）を排除する事である。

本来は、アセッシー（被評価者）二〇名であれば、一名のアドミニストレーターと五名のアセッサー（評価者）グループに対して一名の外部専門家アセッサー（評価者）と、一名の社内のアセッサー（評価者）を配置することが好ましい。行動観察後の評価に対して、社内外の視点の議論を行うことはクライアント企業における人材育成の考え方の大きなデータとして蓄積が可能となる。

次に大事な事は評価の適正な分布である。多くのアセッシー（被評価者）の評点が三点で、その中から何人かを選ぶ場合、評価結果が正規分布するとした場合、少し評価点の設計に工夫が必要である。

2. 評価手順

(1) 演習毎の評価

アセッサー（評価者）は、各演習の行動観察を行いそれぞれの演習が終了した段階で担当のアセッシー（被評価者）の演習の評価を行う。

(2) 一次評価

アセッサー（評価者）は、全ての演習終了後各演習の集計を行う。

(3) 最終評価

各アセッサー（評価者）は、アセッサー・ミーティングにおいて、アドミニストレーターと協議の上、最終評価を行う。

3. 評価尺度の考え方

ＷＨＡＰは、七段階で評価を行う。通常のヒューマン・アセスメントでは5点法が一般的であるが、評価は一般的に正規分布する為、3点に集中する傾向がある。

管理職選抜などの場合、合格ラインを「3」でとるため、仮に合格率五〇％でアセスメント試験を設定すると、評価「3」は、中央値から1シグマ（一二一頁図7参照）の三四・一％、1シグマから2シグマが評価「4」、2シグマから3シグマが評価「5」となる。そうなると、次の二つの問題が生じる。

⑴ 評価「2」の能力開発、能力活用の焦点がぼやける

評価「2」に四七・七％が集中し、合格ライン「3」に近い「2」と、評価1に近い「2」が全て評価2となり、選抜後の能力開発の焦点がぼやけてしまう。

⑵ 評価「3」の能力開発の焦点がぼやける

評価「3」に三四・一％が集中し、合格ラインすれすれの「3」と、優れたレベルの「4」に近い「3」が全て評価「3」となり、選抜後の能力開発の焦点がぼやけてしまう。

以上の二点の問題を解決するため、WHAPでは、3点を「3−」「3」「3+」の3区分に分割する。

評価の定義は次ページの表のとおりである。

評価は「5、4、3+、3、3−、2、1」の七段階とし、数値化の評点として、「3+を3.3」に、「3−を2.7」としている。数値化の評点を定める理由は、合計点による順位づけ、計量化による全体分布、平均点などの分析のためである。

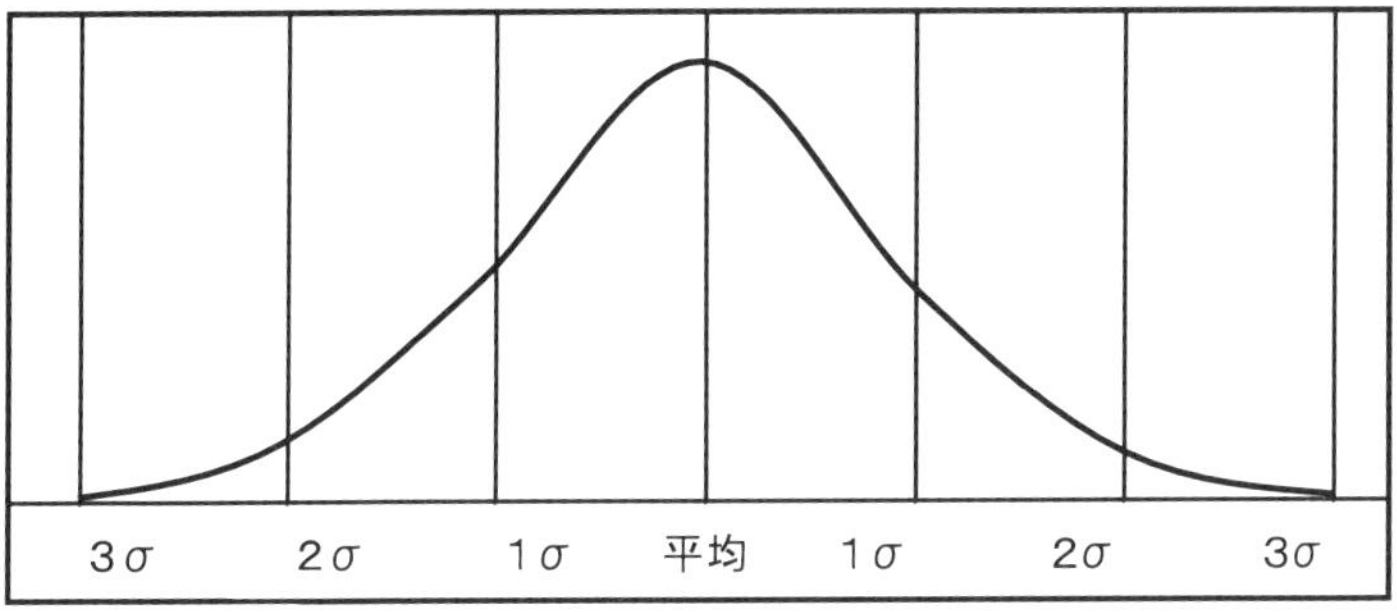

σ（シグマ）とは標準偏差（バラツキ指標）の事である。

1点	2点	3点	4点	5点	5点法

1点	2点	3－	3点	3＋	4点	5点	7点法

図7　評価尺度の考え方

表33　評価の定義

評価	1	2	3－	3	3＋	4	5
評点	1	2	2.7	3	3.3	4	5
評価の定義	全くできていない	期待基準に達せず、不十分である	期待基準をやや下回っている	期待基準	期待基準をやや上回っている	優れている	極めて優れている

4．演習毎の観点

演習毎におけるディメンション評価の観点は以下のとおりである。
ヒューマン・アセスメント研修では、複数の演習をとおして行動を観察し、抽出した言動をディメンションに基づき評価する。

❶ マネジメント・プロセスでの評価観点

Ⅰ－1　戦略視点（環境察知力・情報力・創造力）

戦略視点を構成する環境察知力・情報力・創造力は、外的環境の察知力が求められることから、対個人や対集団などのインターパーソナルの空間軸における演習において観察することができる。これらのディメンションは、ターゲットとなる市場を理解しているか、特定の意図に対して情報収集や関連情報の収集ができているか、これまでの思考や手法の枠組みにとらわれず、新たな思考枠組みを生み出すことができているか、などの観点で観察を行う。

これらの観点が最も観察される演習は、ＡＰおよびＭＦである。背景面接・深層背景面接については、インタビューの内容次第で戦略視点の観察も可能であるが、ＷＨＡＰでは観察しないことを基本とする。

Ⅰ‐２　戦略構築力（コンセプト力・目標設定力）

戦略構築を構成するコンセプト力・目標設定力は、外的環境の察知から戦略を構築することが求められることから、内面（パーソナル）の空間軸における演習において観察することができる。これらのディメンションは、具体的に戦略を実行していく上で必要となる要素を、もれなく構造化・体系化することができているか、何をいつまでにやっていくかという具体的目標を設定することができているか、などの観点で観察を行う。

これらの観点が最も観察される演習は、ＡＰおよびＭＦである。背景面接・深層背景面接については、インタビューの内容次第で戦略構築の観察も可能であるが、ＷＨＡＰでは観察しないことを基本とする。

Ⅰ‐３　組織視点（組織設計力・機能配分力・意思決定配分力）

組織視点を構成する組織設計力・機能配分力・意思決定配分力は、対組織に対して発揮する能力であることから、対個人や対集団などのインターパーソナルの空間軸における演習において観察することができる。これらのディメンションは、戦略実行上、最適な組織とはどのような組織かを考えることができているか、現状の組織機能・業務機能を鑑みた上で、組織・業務の統廃合を行うことができているか、意思決定のタイミングを組織としてもれなく構築することができているか、などの観点で観察を行う。

これらの観点が最も観察される演習は、APおよびMFである。背景面接・深層背景面接については、インタビューの内容次第で組織視点の観察も可能であるが、WHAPでは観察しないことを基本とする。

I-4 組織行動（文化醸成力・適応行動）

組織行動を構成（規定）する文化醸成力・適応行動は、対組織に対して発揮する能力であることから、対個人や対集団などのインターパーソナルの空間軸における演習において観察することができる。これらのディメンションは、組織行動のより良い方向に向けた、行動基準を設定することができているか、自らの行動を環境の変化に適応するために、変えていくことができているか、などの観点で観察を行う。

これらの観点が最も観察される演習は、APおよびMFである。背景面接・深層背景面接については、インタビューの内容次第で組織行動の観察も可能であるが、WHAPでは観察しないことを基本とする。

I-5 課題解決力（課題発掘力・課題解決力・リスク対応力）

課題解決力を構成する課題発掘力・課題解決力・リスク対応力は、対組織に対して発揮する能力であることから、対個人や対集団などのインターパーソナルの空間軸における演習において観察することができる。これらのディメンションは、多様・多面的な課題の全体像をとらえ、課題の本質を見出すための構造化を図ることができているか、各種課題の状況をとらえ解決に向かう方法を多面的に考えることができているか、想定されるであろう様々なリスクを多面的な分析のもと、予測ができているか、などの観点で観察を行う。

これらの観点が最も観察される演習は、APおよびGDならびにMFである。背景面接・深層背景面接については、インタビューの内容次第で課題解決力の観察も可能であるが、WHAPでは観察しないことを基本とする。

Ⅰ-6　計画実行力（実行計画策定力・計画マネジメント力）

計画実行力を構成する実行計画策定力・計画マネジメント力は、対組織に対して発揮する能力であることから、対個人や対集団などのインターパーソナルの空間軸における演習において観察することができる。これらのディメンションは、目標達成に向けた実行計画が、抽象的でなく、いつまでになにをどのような状態になっているかといったKPIが明確化された計画が立案できているか、目標達成に向けた日常的活動時において、計画的かつ柔軟にPDCAを行うことができているか、などの観点で観察を行う。

これらの観点が最も観察される演習は、APおよびGDならびにMFである。背景面接・深層背景面接については、インタビューの内容次第で計画実行力の観察も可能であるが、WHAPでは観察しないことを基本とする。

Ｉ－７　評価力（分析評価力）

評価力を構成する分析評価力は、対組織や対個人に対して発揮する能力であることから、対個人や対集団などのインターパーソナルの空間軸における演習において観察することができる。このディメンションは、あらかじめ設定した目標に対し、評価基準に基づき適正に評価することができているか、などの観点で観察を行う。

これらの観点が最も観察される演習は、ＧＤ、ＩＢ、ＩＳである。

❷ヒューマン・マネジメント能力での評価観点

Ⅱ－１　協働性（影響力）

協働性を構成する影響力は、対組織や対個人に対して発揮する能力であることから、対個人や対集団などのインターパーソナルの空間軸における演習において観察することができる。このディメンションは、業務遂行において、目標達成のため他者や集団を自らの責任のもと、率先して積極的に牽《けん》引《いん》していくことができているか、などの観点で観察を行う。

これらの観点が最も観察される演習は、ＧＤ、ＩＢ、ＩＳである。

Ⅱ-2　対人影響力（対人基本力・人的ネットワーク構築力・人材活性化力・人材多様性受容）

対人影響力を構成する対人基本力・人的ネットワーク構築力・人材活性化力・人材多様性受容は、対組織や対個人に対して発揮する能力であることから、対個人や対集団などのインターパーソナルの空間軸における演習において観察することができる。このディメンションは、より高い成果獲得のため、Win－Win の良好な人間関係を築きあげることができているか、目標達成のための戦略を実行するため、必要な人材の情報を正確に得ることができているか、他者の存在や多種多様な価値を認め、その気持ちを素直に他者に伝えることができているか、多様な価値観を持つ人材を、その多様性に応じて支援をすることができているか、などの観点で観察を行う。

これらの観点が最も観察される演習は、GD、IB、ISである。

❸ 基礎力での評価観点

Ⅲ-1　表現力

表現力はどの空間軸でも観察することができる。表現力は、自らの意思や熱意を主張や論点を明確にし、簡潔明瞭に整理して効果的に他者や集団に口頭で伝えることができているか、自らの意思や主張や論点を明確にし、簡潔明瞭に整理して効果的に文章で伝えることができているか、自らの意思や熱意を身振り手振りを交えながら、態度で伝えることができているか、などの観点で観察を行う。
これらの観点は全ての演習で観察することができる。

Ⅲ-2 受容力

受容力はどの空間軸でも観察することができる。受容力は、他者から発信される言語内容を受け入れることができているか、他者の発する言動から相手の心情を察し、共感し受け入れることができているか、などの観点で観察を行う。
これらの観点は全ての演習で観察することができる。

Ⅲ-3 傾聴力

傾聴力は、対組織や対個人に対して発揮する能力であることから、対個人や対集団などのインターパーソナルの空間軸における演習において観察することができる。傾聴力は、他者発言の内容を理解するため、うなずき、あいづちなどの傾聴力を発揮することができているか、などの観点で観察を行う。
これらの観点が最も観察される演習は、GD、ISである。

Ⅲ-4 質問力

質問力は、対個人に対して発揮する能力であることから、対個人（インターパーソナル）の空間軸における演習において観察することができる。質問力は、相手から聞き出したい内容を、論理的に構成することができているか、などの観点で観察を行う。

これらの観点が最も観察される演習は、ＧＤ、ＩＳである。

Ⅲ-5　感受性

感受性は、対個人に対して発揮する能力であることから、対個人（インターパーソナル）の空間軸における演習において観察することができる。感受性は、他者の感情を敏感に感じ取り自尊心を傷つけないよう配慮し、協働していくことができているか、周囲の状況・雰囲気を的確に把握し、その場に配慮した対応ができているか、などの観点で観察を行う。

これらの観点が最も観察される演習は、ＧＤ、ＩＳである。

4 基本資質での評価観点

Ⅳ-1　実行力

実行力はどの空間軸でも観察することができる。実行力は、目標達成へ向けた日々の業務遂行において、自らが行動を起こすことができているか、目標達成へ向けた日々の業務遂行において、その場の状況に応じて自らの行動を適宜修正することができているか、などの観点で観察を行う。

これらの観点は全ての演習で観察することができる。

Ⅳ－２　自立性

自立性はどの空間軸でも観察することができる。自立性は、業務遂行にあたり、自らの価値観や規範に従い責任を持ち、一人称で考えて行動をとることができているか、業務遂行にあたり、誰からも指示を受けることなく自らが行動を起こすことができているか、などの観点で観察を行う。

これらの観点は全ての演習で観察することができる。

Ⅳ－３　自律一貫性

自律一貫性はどの空間軸でも観察することができる。自律一貫性は、自らの信念のもと、物事の本質を追い求めることができているか、他者の発言に惑わされたり、自身の意見が揺らぐことなく信念にもとづき終始一貫した姿勢を保つことができているか、などの観点で観察を行う。

これらの観点は全ての演習で観察することができる。

Ⅳ－４　執着心

執着心はどの空間でも観察することができる。

執着心は、業務遂行にあたり、比較的単調な作業であっても継続してやりとげたり、困難な状況（時間制限など）にあっても最後まであきらめず、やりとげることができるか、などの観点で観察を行う。

これらの観点は全ての演習で観察することができる。

Ⅳ - 5　ストレス耐性

ストレス耐性はどの空間軸でも観察することができる。ストレス耐性は、各種のストレス要因（未知・時間・葛藤）に対して、どのような状況でも精神的安定を保つことができているか、などの観点で観察を行う。

これらの観点は全ての演習で観察することができる。

Ⅶ・標準報告書・フィードバック

1. 報告書・フィードバックの考え方

ヒューマン・アセスメント研修の結果は、報告書を作成し、クライアントへ報告する。報告書はアセッシー（被評価者）である受講生の傾向を考察した全体報告と、アセッシー（被評価者）である受講生個別の傾向を反映した個人別報告書（アセスメント・レポート）により報告する。

ヒューマン・アセスメント研修の結果は、全体の傾向から組織の課題をとらえ、個人の傾向を個人の課題ととらえ報告する。

WHAPの標準的な報告書（成果物）は以下のとおりである。

(1) 総合報告書（アセッシー〈被評価者〉全体の傾向を分析・報告）
(2) 評点一覧表（アセッシー〈被評価者〉のアセスメント結果を定量的に報告）
(3) アセスメント・レポート（アセッシー〈被評価者〉個別の報告）

2. 報告書の考え方

WHAPの報告書における分析視点は次のように考えられる。

組織視点

アセッシー評価結果集積からの全体的傾向

●企業としての傾向
●職種としての傾向
●階層としての傾向

※他企業同業種対比からの傾向

⇩

企業としての組織課題

●企業としての課題
●職種としての課題
●階層としての課題

⇩

改善の方向性

●企業としての課題
●職種としての課題
●階層としての課題

個人視点

アセッシー個人評価結果からの個人別傾向

●ディメンション（大・中・小項目）からの傾向
●個人としての強みの傾向
●個人としての啓発点の傾向

⇩

個人としての今後の課題

⇩

個人としての今後の改善の方向性

⇩

個別企業 JOB ディクショナリー活用

図８　報告書の分析視点

⑴ 総合報告書：総合報告書はアセッシー（被評価者）個々人の評価の集積されたものから、組織の傾向を推察することによる分析報告となる。
「総合報告書」の構成、内容は次ページより詳しく述べる。

⑵ 個人別報告書：個人別報告書はアセッシー（被評価者）個々人の研修時の言動発揮状況を、事前に設定されたディメンションに基づきアセッサー（評価者）が評価し、傾向を把握分析し、「強み・啓発点・今後に向けた課題」を報告する。

「個人別報告書」は以下のように構成される。

1. 評点一覧
2. 強点、啓発点、今後に向けての提言
3. 演習ごと特徴と傾向

（追加）必要に応じて、「業種・職種・階層としての傾向」の傾向分析を行う。

「総合報告書」の構成例

―1．今次ヒューマン・アセスメント研修の概要

・今次研修の目的
・今次研修の実施概要、報告概要
・今次研修カリキュラム概要
・今次研修使用ディメンション

―2．今次ヒューマン・アセスメント研修ディメンション結果傾向

（1）ディメンション評価結果（定量的評価）からの考察

①ディメンションの大項目（Ⅰ　マネジメント・プロセス／Ⅱ　ヒューマン・マネジメント能力／Ⅲ　基礎力／Ⅳ　基本資質）から窺える行動傾向の特徴

②ディメンション中項目（Ⅰ　マネジメント・プロセス七項目／Ⅱ　ヒューマン・マネジメント能力二項目／Ⅲ　基礎力五項目／Ⅳ　基本資質五項目）から窺える行動傾向の特徴

③ディメンション大項目毎、小項目傾向の特徴

④ディメンション（大・中・小項目）から窺える、企業としての特徴と課題
⑤ディメンション（大・中・小項目）から窺える、職種としての特徴と課題
⑥ディメンション（大・中・小項目）から窺える、階層としての特徴と課題

（2）演習ごと特徴傾向

①GD（グループ討議演習）
・ディメンションの大項目（Ⅰ　マネジメント・プロセス／Ⅱ　ヒューマン・マネジメント能力／Ⅲ　基礎力／Ⅳ　基本資質）から窺える行動傾向の特徴
・ディメンション中項目（Ⅰ　マネジメント・プロセス七項目／Ⅱ　ヒューマン・マネジメント能力三項目／Ⅲ　基礎力五項目／Ⅳ　基本資質五項目）から窺える行動傾向の特徴
・ディメンション大項目毎、小項目傾向の特徴

②IB（インバスケット演習）
・ディメンションの大項目（Ⅰ　マネジメント・プロセス／Ⅱ　ヒューマン・マネジメント能力／Ⅲ　基礎力／Ⅳ　基本資質）から窺える行動傾向の特徴
・ディメンション中項目（Ⅰ　マネジメント・プロセス七項目／Ⅱ　ヒューマン・マネジメント能力二項目／Ⅲ　基礎力五項目／Ⅳ　基本資質五項目）から窺える行動傾向の特徴
・ディメンション大項目毎、小項目傾向の特徴

③SC（ショートケース演習）
・ディメンションの大項目（Ⅰ　マネジメント・プロセス／Ⅱ　ヒューマン・マネジメント能力／Ⅲ　基礎力／Ⅳ　基本資質）から窺える行動傾向の特徴
・ディメンション中項目（Ⅰ　マネジメント・プロセス七項目／Ⅱ　ヒューマン・マネジメント能力二項目／Ⅲ　基礎力五項目／Ⅳ　基本資質五項目）から窺える行動傾向の特徴
・ディメンション大項目毎、小項目傾向の特徴
④IS（面接演習／交渉演習）
・ディメンションの大項目（Ⅰ　マネジメント・プロセス／Ⅱ　ヒューマン・マネジメント能力／Ⅲ　基礎力／Ⅳ　基本資質）から窺える行動傾向の特徴
・ディメンション中項目（Ⅰ　マネジメント・プロセス七項目／Ⅱ　ヒューマン・マネジメント能力二項目／Ⅲ　基礎力五項目／Ⅳ　基本資質五項目）から窺える行動傾向の特徴
・ディメンション大項目毎、小項目傾向の特徴
⑤AP（分析発表演習）
・ディメンションの大項目（Ⅰ　マネジメント・プロセス／Ⅱ　ヒューマン・マネジメント能力／Ⅲ　基礎力／Ⅳ　基本資質）から窺える行動傾向の特徴
・ディメンション中項目（Ⅰ　マネジメント・プロセス七項目／Ⅱ　ヒューマン・マネジメント能力二項目／Ⅲ　基礎力五項目／Ⅳ　基本資質五項目）から窺える行動傾向の特徴
・ディメンション大項目毎、小項目傾向の特徴

●「総合報告書」の構成

⑥ＭＦ（マネジメント・ファンクション面接）
・ディメンションの大項目（Ⅰ　マネジメント・プロセス／Ⅱ　ヒューマン・マネジメント能力／Ⅲ　基礎力／Ⅳ　基本資質）から窺える行動傾向の特徴
・ディメンション中項目（Ⅰ　マネジメント・プロセス七項目／Ⅱ　ヒューマン・マネジメント能力二項目／Ⅲ　基礎力五項目／Ⅳ　基本資質五項目）から窺える行動傾向の特徴
・ディメンション大項目毎、小項目傾向の特徴
⑦ＣＩ（コンピテンシー面接／背景面接）
・ディメンションの大項目（Ⅰ　マネジメント・プロセス／Ⅱ　ヒューマン・マネジメント能力／Ⅲ　基礎力／Ⅳ　基本資質）から窺える行動傾向の特徴
・ディメンション中項目（Ⅰ　マネジメント・プロセス七項目／Ⅱ　ヒューマン・マネジメント能力二項目／Ⅲ　基礎力五項目／Ⅳ　基本資質五項目）から窺える行動傾向の特徴
・ディメンション大項目毎、小項目傾向の特徴
⑧ＤＩ（深層背景面接）
・ディメンションの大項目（Ⅰ　マネジメント・プロセス／Ⅱ　ヒューマン・マネジメント能力／Ⅲ　基礎力／Ⅳ　基本資質）から窺える行動傾向の特徴
・ディメンション中項目（Ⅰ　マネジメント・プロセス七項目／Ⅱ　ヒューマン・マネジメント能力二項目／Ⅲ　基礎力五項目／Ⅳ　基本資質五項目）から窺える行動傾向の特徴
・ディメンション大項目毎、小項目傾向の特徴

―3. ＪＯＢディクショナリー活用に向けて

（1）ＪＯＢディクショナリーの目的
（2）ＪＯＢディクショナリーの構成
（3）ＪＯＢディクショナリーの活用方法

「総合報告書」の内容

1．ヒューマン・アセスメント研修の概要

（1）研修の目的

企業によって、ヒューマン・アセスメント研修実施の目的は違っている。若手社員に実施するような、今後に向けて能力開発的要素を含んだ研修。管理者登用を鑑みた、今後の幹部登用を目的とした選抜型の要素を中心とした研修など実施目的は多岐にわたる。報告書の冒頭において、今次研修の実施目的をしっかりと明記することが求められる。

（2）ヒューマン・アセスメント研修の実施概要、報告概要

対象となる人々、総勢何人に対して、何回に分けて実施するのか。実施期間や時期など。ヒューマン・アセスメント研修以外に前後に何らかの取り組みが行われているのかなど、クライアントの育成全体からの今次ヒューマン・アセスメントの位置づけが必要な場合は明記する。

（3）研修カリキュラム概要

ヒューマン・アセスメント研修の実施カリキュラムと、カリキュラム実施上における、各演習毎の

目的と進め方について明記する。

演習は、対象となる、階層・職種や、研修の目的、得られようとする成果によって検討決定した根拠を示す。

（4）研修使用ディメンション

ディメンションは、ヒューマン・アセスメント研修における重要な要素といえる。ディメンションの決定は、企業の求められる人材像や、能力定義などを踏まえ、決定することになる。報告書には、単にディメンション一覧を明記するのではなく、ディメンション選定の背景となる、期待人材像を明記した上でディメンションを明記することが求められる。

企業としてのＪＯＢディクショナリーがあれば、それを参考としてディメンション選定設計を行うことになる。

—2．ヒューマン・アセスメント研修ディメンション結果傾向

（1）ディメンション評価結果（定量的評価）からの考察

ヒューマン・アセスメント研修の各演習時のアセッシー（被評価者）の行動観察事実について、特徴的事実を、事前に設定されたディメンションの該当するものに関連付けを行い、評点化を行う。観察事実は定性情報としてではなく、全て評点による定量化に置き換える。同時に、観察事実がない内

面については基本的に評価対象としてはならない。背景面接、深層背景面接においても、面接結果についてては評点化する。傾向分析は、定量化されたディメンションの傾向としての分析コメントとなる。

①ディメンションの大項目（I　マネジメント・プロセス／II　ヒューマン・マネジメント能力／III　基礎力／IV　基本資質）から窺える行動傾向の特徴を述べる。

ディメンションの大項目は、

・業務遂行上のプロセス全体を範囲とする、I　マネジメント・プロセス
・業務遂行上関与する人々とのやり取りを範囲とする、II　ヒューマン・マネジメント能力
・ビジネスパーソンとして業務を遂行していく上で兼ね備えている、III　基礎力
・ビジネスパーソンとして基本となる社会適応上求められる、IV　基本資質

それぞれの大項目における全体的傾向について、その特徴傾向を述べる。

②ディメンション中項目（I　マネジメント・プロセス七項目／II　ヒューマン・マネジメント能力二項目／III　基礎力五項目／IV　基本資質五項目）から窺える行動傾向の特徴を述べる。

・業務遂行上のプロセス全体を範囲とする、I　マネジメント・プロセスにおける中項目七項目

（1 戦略視点、2 戦略構築力、3 組織視点、4 組織行動、5 課題解決力、6 計画実行力、7 評価力）について、分析を行う。特に、1 戦略視点～5 課題解決力に至る一連のフローは、業務遂行上一貫性があることが求められ、その項目間におけるズレや、バラツキの頻度などに留意する必要があることから、誤差を含めた多面的分析を行うことが求められる。

・業務遂行上関与する人々とのやり取りを範囲とする、Ⅱ ヒューマン・マネジメント能力（1 協働性、2 対人影響力）についての分析では、組織における業務プロセスのほとんどは、人間が介在するものであるという認識を踏まえ、単に評点傾向のみの分析をするのではなく、相互関連性についてまでを意識して分析を行うことが求められる。

・ビジネスパーソンとして業務を遂行していく上で兼ね備えている、Ⅲ 基礎力（1 表現力、2 受容力、3 傾聴力、4 質問力、5 感受性）についての分析では、職種・階層によって期待される要件に違いがあることから、事前に設定された要件（JOBディクショナリーやディメンション定義など）に照らし合わせて、分析を行うことが求められる。

・ビジネスパーソンとして基本となる社会適応上求められる、Ⅳ 基本資質（1 実行力、2 自立性、3 自律一貫性、4 執着心、5 ストレス耐性）についての分析では、企業としての、求められる人材像（職能等級基準、JOBディクショナリーなど）を基準として分析を行うことが求められる。

★「総合報告書」の内容――――

中項目における傾向分析は、大項目内における中項目毎の平均・ばらつきを示す標準偏差などから、全体としての傾向を分析する。

③ディメンション大項目毎、小項目傾向の特徴

I　マネジメント・プロセス、II　ヒューマン・マネジメント能力についてのみ、小項目を設定している。これは、抽象的解釈を可能な限り避けることを意図して、行動観察項目分解を行っている。小項目は、I　マネジメント・プロセスで一六項目、II　ヒューマン・マネジメント能力で五項目に分解をされている。

I のマネジメント・プロセスは業務遂行上の求められる要素を網羅している。

表34　マネジメント・プロセスの小項目

1	戦略視点	環境察知力
		情報力
		創造力
2	戦略構築力	コンセプト力
		目標設定力
3	組織視点	組織設計力
		機能配分力
		意思決定配分力
4	組織行動	文化醸成力

I マネジメント・プロセス			適応行動
	5	課題解決力	課題発掘力
			課題解決力
			リスク対応力
	6	計画実行力	実行計画策定力
			計画マネジメント力
	7	評価力	分析評価力

Ⅱのヒューマン・マネジメント能力は、マネジメント・プロセスを実行していく上で必要となる、多様な人々とのやり取りを行っていく上で求められる能力を網羅している。

表35　ヒューマン・マネジメント能力の小項目

Ⅱ ヒューマン・マネジメント能力	1	協働性	影響力
	2	対人関係力	対人基本力
			人的ネットワーク構築力
			人材活性化力
			人材多様性受容

小項目間それぞれは、関連性が高いといえ、小項目の個々の特徴と同時に、関連性について傾向を述べる。

④ディメンション（大・中・小項目）全体傾向から窺える、企業としての特徴と課題

社員の行動発揮傾向や能力の傾向は、企業規模・業種による特徴傾向と大きく関連をしている。大企業と中小企業、民間と公的企業、サービス業と製造業、それぞれの対照的企業形態は、組織内の人々の発揮行動にも大きな影響を与えている。そのような、各企業としての特徴傾向について述べる。

⑤ディメンション（大・中・小項目）から窺える、職種としての特徴と課題

社員の行動発揮傾向や能力の傾向は、職種による特徴傾向と大きく関連をしている。営業部門と管理部門や技術開発部門、製造部門などといった特定化された職種における職務遂行上の、行動特性がある。それぞれの職種特性に即した行動発揮がどの程度なされているかについて述べる。

⑥ディメンション（大・中・小項目）から窺える、階層としての特徴と課題

組織は規模が拡大をするにつれヒエラルキーが発生する。ヒエラルキーは組織目的の達成に向けて必要となる役割機能を、階層という機能分化をもとに効果的に運用していくものである。企

業特性や規模により階層の期待機能は違ってくるが、同一組織内においては、階層間の機能が曖昧であることは少ない。それぞれの対象階層の期待機能に即した行動発揮状況であるかについての傾向について述べる。

（2）各演習毎の特徴傾向

①ＧＤ（グループ討議演習）

通常、組織・職場における日常的課題について、事前に設定されたグループにて議論を行い、アセッシー（被評価者）の言動について評価を行う。事前に設定する課題内容によって、ディメンションの評価対象範囲に差異があることから、実施前に、ＧＤ（グループ討議演習）の課題と評価対象ディメンションの確定を行っておくことが求められる。集団状況における、個人の言動傾向にのみ評価の範囲がとどまっていることから、個人の独立した行動評価ではない。

総合報告書では、アセッシー（被評価者）の状況ではなく、グループの議論の状況やアセッシー（被評価者）の評価結果の集積傾向から、企業としての特徴傾向について述べる。

・ディメンションの大項目（Ⅰ　マネジメント・プロセス／Ⅱ　ヒューマン・マネジメント能力／Ⅲ　基礎力／Ⅳ　基本資質）から窺える行動傾向の特徴

・ディメンション中項目（Ⅰ　マネジメント・プロセス七項目／Ⅱ　ヒューマン・マネジメント能力

二項目／Ⅲ　基礎力五項目／Ⅳ　基本資質五項目）から窺える行動傾向の特徴
・ディメンション大項目毎、小項目傾向の特徴

②ＩＢ（インバスケット演習）
　未決案件処理という意味を持つＩＢ（インバスケット演習）は、アセッシー（被評価者）の案件処理能力を評価するものであることから、評価ディメンションは、Ⅰ～Ⅳのディメンションの大項目の中では、Ⅰ．マネジメント・プロセスに重点が置かれる。ＩＢ（インバスケット演習）における、処理傾向はアセッシー（被評価者）個人の傾向だけではなく、職場におけるアセッシー（被評価者）の業務実態を鑑みることが可能と言え、業務上の特徴傾向についても述べる。

・ディメンションの大項目（Ⅰ　マネジメント・プロセス／Ⅱ　ヒューマン・マネジメント能力／Ⅲ　基礎力／Ⅳ．基礎力）から窺える行動傾向の特徴
・ディメンション中項目（Ⅰ　マネジメント・プロセス七項目／Ⅱ　ヒューマン・マネジメント能力二項目／Ⅲ　基礎力五項目／Ⅳ　基本資質五項目）から窺える行動傾向の特徴
・ディメンション大項目毎、小項目傾向の特徴

③ＳＣ（ショートケース演習）
　数ページという他企業の事例を、ショート事例として個人で分析を行い、情報の整理から分

析・解決策の検討を行う。ショート事例という分量の少ない事例を短時間で分析を行う能力が求められ、ＧＤ（グループ討議演習）、ＩＢ（インバスケット演習）とは違った側面における評価を行うことを可能としている。ＧＤは時間をかけた、他者とのやりとりからの評価を行うこととなり、ＩＢは個人としての処理能力や意思決定能力を評価するものといえるが、ＳＣは短時間における分析、解決策に関わる能力を評価するという側面を持っている。同時に、ＧＤと同じようにグループにおける議論を行う場合と、アセッサー（評価者）に対する分析結果と解決策の提示を行う場合があるが、基本は個人として限定された情報と時間における言動発揮能力を評価するものである。

・ディメンションの大項目（Ⅰ　マネジメント・プロセス／Ⅱ　ヒューマン・マネジメント能力／Ⅲ　基礎力／Ⅳ　基本資質）から窺える行動傾向の特徴
・ディメンション中項目（Ⅰ　マネジメント・プロセス七項目／Ⅱ　ヒューマン・マネジメント能力二項目／Ⅲ　基礎力五項目／Ⅳ　基本資質五項目）から窺える行動傾向の特徴
・ディメンション大項目毎、小項目傾向の特徴

④ＩＳ（面接演習／交渉演習）

ＩＳは一対一という場面における評価場面ということから、アセッシー（被評価者）個人の特徴が集団討議場面とは違った側面から表出される。個人の能力評価という側面においては、極め

★「総合報告書」の内容――――

て重要な演習であることから、事前に演習課題とディメンションにおいて何をどのように評価するかを検討しておくことが求められる。

・ディメンションの大項目（Ⅰ　マネジメント・プロセス／Ⅱ　ヒューマン・マネジメント能力／Ⅲ　基礎力／Ⅳ　基本資質）から窺える行動傾向の特徴

・ディメンション中項目（Ⅰ　マネジメント・プロセス七項目／Ⅱ　ヒューマン・マネジメント能力二項目／Ⅲ　基礎力五項目／Ⅳ　基本資質五項目）から窺える行動傾向の特徴

・ディメンション大項目毎、小項目傾向の特徴

⑤ＡＰ（分析発表演習）

課題における取り組みは論理性を求められ、プレゼンテーションにおいては、論理性のみならず、他の能力についても求められる演習といえる。ＡＰは階層・職種からどのような課題テーマを取り上げるかということが重要であり、想定する取り組み状況からの役割をしっかりとアセッサー（評価者）が行わなければアセッシー（被評価者）の言動に影響が出る。ＡＰはアセッシー（被評価者）に対するストレスが最も大きな演習といえることから、分析においても単にＡＰ単独としての分析ではなく、他（特に面接演習）との関連性についても、考慮することが求められる。

・ディメンションの大項目（Ⅰ　マネジメント・プロセス／Ⅱ　ヒューマン・マネジメント能力／Ⅲ　基礎力／Ⅳ　基本資質）から窺える行動傾向の特徴
・ディメンション中項目（Ⅰ　マネジメント・プロセス七項目／Ⅱ　ヒューマン・マネジメント能力二項目／Ⅲ　基礎力五項目／Ⅳ　基本資質五項目）から窺える行動傾向の特徴
・ディメンション大項目毎、小項目傾向の特徴

⑥ＭＦ（マネジメント・ファンクション面接）

一般的に経営幹部評価に用いられる演習といえる。マネジメント能力、経営能力を経営機能の各機能専門家であるアセッサー（評価者）により、個人別面接から評価を行うものである。そのことから、範囲・評価レベルについて事前に検討しておくことが求められる。評価分析はディメンションのみならず、経営機能の理論的評価を加味することが求められる。

・ディメンションの大項目（Ⅰ　マネジメント・プロセス／Ⅱ　ヒューマン・マネジメント能力／Ⅲ　基礎力／Ⅳ　基本資質）から窺える行動傾向の特徴
・ディメンション中項目（Ⅰ　マネジメント・プロセス七項目／Ⅱ　ヒューマン・マネジメント能力二項目／Ⅲ　基礎力五項目／Ⅳ　基本資質五項目）から窺える行動傾向の特徴
・ディメンション大項目毎、小項目傾向の特徴

⑦ＣⅠ（コンピテンシー面接／背景面接）／⑧ＤⅠ（深層背景面接）

背景面接・深層背景面接は他の演習とは異なり、特定の課題に対する取り組み過程における言動発揮状況を評価するものではない。各言動発揮に至る思考のプロセスや、その過程における価値をおくプロセスを引き出し、それをディメンションで評価することになる。他の演習とは違い、事前に何をどこまで引き出すかの検討を十分に行った上で、実施に至ることが求められる。同時に、結果の評価におけるウエイトについても考慮した上で、分析を行うことが求められる。

・ディメンションの大項目（Ⅰ　マネジメント・プロセス／Ⅱ　ヒューマン・マネジメント能力／Ⅲ　基礎力／Ⅳ　基本資質）から窺える行動傾向の特徴

・ディメンション中項目（Ⅰ　マネジメント・プロセス七項目／Ⅱ　ヒューマン・マネジメント能力二項目／Ⅲ　基礎力五項目／Ⅳ　基本資質五項目）から窺える行動傾向の特徴

・ディメンション大項目毎、小項目傾向の特徴

3．フィードバックの方法

ＷＨＡＰのフィードバック方法は以下のとおりである。フィードバックの方法については、クライアントの要望に合わせて方法を決定する。

⑴ 報告会の実施

担当したアドミニストレーターがクライアントを訪問し、総合報告書を基にヒューマン・アセスメント研修の結果を報告する。

⑵ 事後研修の実施

必要に応じてヒューマン・アセスメント研修の実施後に、アセッシー（被評価者）を対象に事後研修を実施する。研修の内容は、ヒューマン・アセスメント研修から見えた組織の課題、個人の課題に焦点を当てて実施する。

⑶ 報告書納品によるフィードバック

報告書をクライアントに納品する。報告会や事後の研修は実施しない。

図表一覧

図表一覧

〈著者紹介〉

大浦　久司（おおうら　ひさし）

1976年生まれ、兵庫県出身。佛教大学中国文学科卒業。
㈱阪神調剤薬局入社後、経営企画部ではＩＲを担当。株式非公開（MBA）のプロジェクトに従事し、株式を非公開化。
現在 ウィズン・コンサルティング㈱ コンサルタント。

岡部　泉（おかべ　いずみ）

1956年生まれ、福井県出身。
駒澤大学経営学部、多摩大学大学院（MBO）卒業。
住友ビジネスコンサルティング㈱（現 ㈱日本総合研究所）、
NTTラーニングシステムズ㈱コンサルティング部長を経て、
現在 ウィズン・コンサルティング㈱ 代表取締役。

人材発掘に向けた
具体的手引き
―ヒューマン・アセスメント―

定価（本体 1500円+税）

乱丁・落丁はお取り替えします。

2018年 3月 16日初版第1刷印刷
2018年 3月 26日初版第1刷発行
著　者　大浦久司／岡部　泉
発行者　百瀬精一
発行所　鳥影社（www.choeisha.com）
〒160-0023 東京都新宿区西新宿3-5-12トーカン新宿7F
電話 03(5948)6470, FAX 03(5948)6471
〒392-0012 長野県諏訪市四賀 229-1（本社・編集室）
電話 0266(53)2903, FAX 0266(58)6771
印刷・製本　モリモト印刷

ISBN978-4-86265-656-8　C0034